窪田順生
Kubota Masaki

「愛国」という名の亡国論

「日本人すごい」が日本をダメにする

さくら舎

目次◆「愛国」という名の亡国論――「日本人すごい」が日本をダメにする

序章　心地よくて危険な「日本礼賛番組」

第1章 「日本礼賛番組」の自画自賛が日本を狂わせる

第2章　牽強付会な「愛国報道」が日本をダメにする

第3章 いまでもオリンピックが「国威発揚」の国・日本

第4章 「愛国」ブームをつくったマスコミの総力戦

第5章 「愛国」と「反日」は表裏一体

第6章　戦前から「愛国報道」が抱える闇

「愛国」という名の亡国論

――「日本人すごい」が日本をダメにする

序章　心地よくて危険な「日本礼賛番組」

バラエティ番組をつかったプロパガンダ

近年やたらと「日本」や「日本人」を礼賛するテレビ番組を見かけます。外国人観光客や長年日本で暮らしている外国人に、日本の優れている点を語ってもらったり、世界のなかで日本が評価されているものを取り上げて、「日本の○○は世界一！」「海外から絶賛！」「世界が驚いた！」とうたうことがお約束ともいうべき「日本礼賛番組」の数が、２０１３年あたりから急激に増えてきているのです。

そう聞くと、「日本がすごいのは疑いようのない事実なんだから、なにが悪い」と不快に感じる人もいるでしょう。「たしかに最近やたらと目につくけど、震災などでつらい目にあった人たちも多いなかで、少しでも日本を元気にしようとしているんだからいいことじゃないか」ととらえている人もいるかもしれません。

愛国心あふれる人ならば、「これまで反日マスコミが日本をさんざん貶めてきて、ようやく正しい日本の姿が広まる機会が増えたのにイチャモンをつけるな」と怒りに震えることでしょう。

しかし、私はそのような意見に賛同することはできません。

これらの「日本礼賛番組」を検証していくと、多くがまず「日本がすごい」という結論ありきで、そこへ導くための一方的な証言を集め、恣意的なデータ解釈をしていることがわかります。

バラエティ番組なんだからそこまで目くじら立てなくてもいいじゃないか、という人もいるかもしれませんが、**バラエティ番組だからこそ問題です。**日本社会の流行やギャグなどの多くがバラエティ番組から生まれていることからもわかるように、「楽しさ」「わかりやすさ」は人の心に深く刻まれます。

つまり、**「日本がすごい」と訴えたいがために事実を歪めているバラエティ番組は、誤った事実を日本の大衆に植えつけているプロパガンダ（宣伝、情報操作）になっている恐れがあるのです。**

「日本の四季すごいよね！」のウラ側

「そんな言いがかりこそが日本を貶める嘘だ！」と耳をふさぐ人も多いでしょうが、「日本礼賛番組」が事実を歪めていることは、多くの客観的事実に基づくデータや証言が物語っています。

なかでも非常にわかりやすいのが、「日本礼賛番組」にも出演経験のある、お笑い芸人の厚切りジェイソンさんの証言です。

２０１７年2月19日に放送された『ボクらの時代』（フジテレビ系）というトーク番組に出演したジェイソンさんは、同じく外国人タレントであるお笑い芸人のパックンさん、ＳＨＥＬＬＹさんとともに外国人視点で見た日本の芸能界について語り合い、そのなかで「日本礼賛番組」に出演した際のあるエピソードを披露しました。

収録中、日本がすごいのは「四季があるから」という返答を求められたジェイソンさんは、内心では**「アメリカにも季節はあるんだよね」と思いつつも、「四季すごいよね！」**とコメントしたというのです。

これを聞いたＳＨＥＬＬＹさんも**「（日本人は）四季を感動させたがるけど、世界中に四季はあるって」**と同意。では、なぜ外国人タレントたちがそんな無理筋なストーリーに合わせてくれるのかというと、番組側が欲しがっているからです。

「外国人」が手放しで日本を褒め称える画は「日本礼賛番組」の中心をなす要素なので、それを否定してしまうと、すべてのストーリーが崩れてしまいます。というよりも、そのような否定コメントは間違いなく全面カットされてしまいます。

「すごくない日本の文化に感動しないといけない場面がある」というジェイソンさんの言葉

が示すように、日本にいる外国人はときにメディアから、「日本文化を褒め称える」という役割を求められます。今風な言葉でいい換えれば、「忖度(そんたく)せよ」という暗黙のルールを強いられるのです。

テレビは大衆を暴走させる装置⁉

じつはこれとまったく同じことは、「日本礼賛番組」に登場する「外国人観光客」にもあてはまります。

自分自身に置き換えて考えてみてください。わざわざ高いエアチケット代を払ってやってくる国なのですから、好きか嫌いかでいえば、好きに決まっています。そのように日本に対して好印象をもっている人たちに「日本のすばらしいところはどこですか?」「日本に来て驚いたことはありますか?」とマイクを向ければ、日本を称賛するコメントが出てくるのは当たり前です。

なかには、「日本へやってきて感動している外国人」を求められていると察して、サービス精神からリップサービスをしてくれる人も多いはずです。

「お世辞」や「忖度」を受けて人知れず喜びをかみしめているくらいならば、だれにも迷惑をかけませんが、これを公共の電波をつかって全国民にふれまわるようになったら「害」以外の何物でもありません。

有名人などの「自殺報道」をくり返し報じると、青少年の自殺者が増えるというＷＨＯ（世界保健機関）のデータがあることからもわかるように、テレビというのは想像以上に、人の心理に大きな影響を及ぼします。

これは当然といえば当然の話で、第3章でくわしく解説しますが、そもそもテレビのルーツは戦時中に大衆を扇動（せんどう）する目的でつくられた「感情を操る兵器」にあります。

テレビで「自画自賛」が毎週のようにリピートされると、人々は本当に「われわれの国は世界から称賛される特別な存在なんだな」と洗脳されてしまうのです。

自分たちこそがこの世で最もすばらしいと「勘違い」をはじめた民族が、独善的な「暴走」をはじめて他民族や異文化を排斥（はいせき）していくのは、キリスト教を迫害した古代ローマ帝国や、アーリア民族の優位性を掲げたナチスの例を出すまでもなく歴史の真理です。

つまり、「日本はすごい！」「日本の○○は世界一」という楽しげな番組があまりに度を超えてあふれかえるようであれば、わが身を省（かえり）みることがなくなり、真摯（しんし）さを失い、結果として**日本人を「暴走」させてしまう恐れがある**のです。

「日本人は『一流』で『優れた民族』」

たかがバラエティ番組くらいで「勘違い」をするほど日本人は馬鹿じゃないという人もいるでしょうが、残念ながらもうすでにその兆候（ちょうこう）があらわれています。

「日本の自然が世界一美しいのは四季があるから」というのは、先ほど厚切りジェイソンさんが指摘しているように、外国人たちも驚く真っ赤な嘘です。多くの国にそれぞれの四季があり、それぞれの国の人々が美しいと感じる季節の移り変わりの風景を見せてくれます。

しかし、2013年10月にネットニュースが読者617人を対象として「日本が誇れることを教えてください」とアンケートをとったところ、なんと56・6％の人が「四季がある」と答えて断トツ1位という結果が出ました（マイナビウーマン調べ）。

なんとも恐ろしいことですが、**日本人の多くは「四季」を日本だけがもっている特別なものだと勘違いしてしまっている**のです。

厚切りジェイソンさんが出演して不本意なコメントを求められたようなバラエティ番組が元凶（げんきょう）であることは、いうまでもないでしょう。

1973年から5年ごとにおこなわれているNHKの「日本人の意識」調査では、「日本は一流国だ」と考えている人は１９８３（昭和58）年が最も多く、56・８％。以後は減少して30％台に落ち込んでいましたが、それが「日本礼賛番組」がやたらと増えた２０１３年になると、15ポイントも跳ね上がって54・４％にまで回復しているのです。

また、同じ調査で「日本人は、他の国民に比べて、きわめてすぐれた素質をもっている」と考えている人も１９８３年が70・６％と最も多く、その後はやはり減少をつづけてきましたが、１９９８年の51％を底に回復し、２０１３年は67・５％と30年前にせまる勢いとなっています。

たかがバラエティ番組じゃないかと笑って眺めているうちに、われわれはどんどん「勘違い」させられ、**自分たちを「一流」で「優れた民族」だとする過信がどんどん強まっている**のです。

このような主張をすると、必ずといっていいほど「こいつは反日だ」というレッテルを貼られてしまいますので、はじめに断っておきますが、私は左派リベラル的な思想や特定のイデオロギーに基づいて、「日本礼賛番組」を問題視しているわけではありません。

むしろ、**「ネトウヨ」と呼ばれる人たちや保守系言論人のみなさんがマスコミの「偏向報道」に対して抱いている問題点とまったく同じものが「日本礼賛番組」にある**と考えているのです。

「反日報道」と「愛国報道」はよく似ている

ご存じのように、「偏向報道」という言葉は、朝日新聞が誤報だと認めて謝罪をした「（吉田証言に基づく済州島（チェジュド）での）従軍慰安婦」問題の報道や、旧日本軍が一般市民30万人を虐殺（ぎゃくさつ）したという「南京（ナンキン）事件」に関する報道の「偏向ぶり」を指摘するところから生まれました。個人的にはそれらの指摘は納得せざるをえない部分があると感じます。

「従軍慰安婦」や「南京事件」に代表されるいわゆる「反日報道」は、「被害」を受けた韓国や中国側の一方的な主張のみに重きを置いた「中立」とは言いがたい報じ方をしているのは明らかです。先述した自殺報道を例に出すまでもなく、このような「偏向報道」が何年、何十年もつづけられてきたことによって、日本社会のムードや国際世論がある特定の方向へと導かれてしまったのは、まぎれもない事実だと思っています。

「そのとおり！」と同意をする人も少なくないかもしれません。ならば、その人たちに伺います。

中韓の主張に重きを置いた「偏向報道」が問題だというのなら、日本を好きで訪れた外国人観光客や親日家の極端な意見をすべての外国人の意見のように扱って、「世界が驚いた！」

「世界が称賛！」とふれまわる「日本礼賛番組」も、同じように「偏向報道」だと思わないでしょうか。

事実をねじ曲げても日本を貶めようとする「反日マスコミ」が存在するというのなら、事実をねじ曲げてでも日本を持ち上げようとする「愛国マスコミ」が存在すると考えるのが筋ではないでしょうか。

「反日マスコミはすべて捏造だが、日本がすごいのは事実だ、一緒にするな」という人もいるでしょうが、「日本礼賛番組」のように一方的な主張に基づいて事実を歪めていくという点では、「愛国マスコミ」と「反日マスコミ」は驚くほどよく似ています。

じつは両者の共通点は、ほかにもまだあります。

「反日」と「愛国」を揺れ動く朝日

朝日新聞がネット上や一部の有識者から「反日マスコミ」と批判されている最大の理由は、「従軍慰安婦」や「南京事件」「南京虐殺」のテーマについて、中国や韓国という「被害者」側の証言ばかりを取り上げているのではないかという「偏向報道」にあります。

「従軍慰安婦」「南京事件」「南京虐殺」という言葉は、いうなれば、朝日新聞の「反日」を示すワードです。

一方、朝日新聞においても、日本の経済から文化まであらゆるものを褒めちぎる「世界一」という「日本礼賛」系ワードは「愛国」を示しているといえます。

「反日」ワードと「愛国」ワード――これら2種類のワードが見出しにおどっている朝日の記事を検索してその数の推移をみれば、朝日新聞における報道の傾向、すなわち「反日トレンド」「愛国トレンド」を読み解くことができます。

新聞の「見出し」は、記事を執筆した記者が考案するわけではなく、整理部という紙面構成を担当する部署が、そのときどきの社会的関心事や、どのような言葉が読者受けをするのかなどを鑑（かんが）みて作成しています。つまり、「見出し」の増減からは、朝日新聞という言論機関がその時代をどう見ているのかという「世界観」をうかがい知ることができるのです。

実際にやってみると、面白いことがわかります。

まず、**朝日新聞は四六時中「反日」記事を載せているわけではなく、そこには流行りすたりがある**ということです。

１９９２年に「従軍慰安婦」の報道件数が大きく跳ね上がります。その後、「従軍慰安婦」の報道が落ち着いていくことで反日トレンドも弱まり、２０００年に「南京事件」の報道件数が増加したことでやや盛り上がったのを最後に、しばらくなりを潜（ひそ）めます。

ふたたび盛り上がるのは２００７年、その次は２０１２年という動きになっています。「反日マスコミ」というからには、朝日新聞が寝ても覚めても日本を貶めるような報道を量産したり、事あるごとに中国や韓国の主張に基づく「反日報道」をおこなっていたりというイメージを思い描く人もいるかもしれません。しかし、その代表格である朝日新聞ですら、「反日報道」が盛り上がっているのは、この45年間のなかでも一時期にすぎません。

つまり、**マスコミ報道における「反日」とは、じつは単なる「ブーム」のようなものにすぎない**可能性があるのです。

一方、「愛国」の記事は、「反日」の記事と比べるとそれほど多く存在しません。ただ、先ほど述べたように、「愛国的な見出し」があらわれるということは、つねに時代を読んでいる朝日新聞の整理部が、社会の中の愛国的な空気を察知しているということですので、世の「愛国トレンド」が盛り上がっている時期だといえます。

１９８０年代以降でいえば、81～83年に停滞期があり、84～91年には大きく盛り上がります。その後、谷間のように落ち込む時期（92年、94年、96年）がきます。

２０００年代前半も停滞した後に２００５年にふたたび盛り上がったかと思うと、２００7～08年に落ち込むなど、株価のように〝波〟があるのです。

もちろん、この「愛国トレンド」が時の出来事や世相を大きく反映していることは、いうまでもありません。それはのちほど細かく分析していきますが、ひとつ大きな特徴があるのです。

「反日トレンド」と「愛国トレンド」が微妙に対応しているのです。

たとえば、「従軍慰安婦」の報道で「反日トレンド」が盛り上がった１９９２年、「愛国トレンド」は谷間に入ります。「南京虐殺」報道によって「反日トレンド」が強まった２０００年も同様です。

また、２００５〜06年に大きく跳ね上がった「愛国トレンド」は翌２００７年になると、「反日トレンド」の盛り上がりを受けたかのように、一気にトーンダウンします。その後、２００９年、２０１１年とふたたび上昇トレンドになりますが、その勢いが弱まるのも、やはり「反日トレンド」が強まる２０１２年なのです。

この奇妙な現象から導き出される「仮説」は、ひとつしかありません。それは**朝日新聞の報道論調が、じつは「愛国」と「反日」という2つのトレンドのあいだでバランスをとろうと揺れ動いているのではないか**、ということです。

あまりにも「反日トレンド」が強くなりすぎると、その勢いにブレーキをかけるように「愛国トレンド」が強まっていく。その逆に、「愛国トレンド」が強くなっていくと、まるでそれを諫めるかのように「反日トレンド」が強まっていく。

つまり、朝日新聞においては「反日トレンド」と「愛国トレンド」はシーソーゲームのような関係、あるいは互いを補完する合わせ鏡のようなものである可能性が高いのです。

「中立公正」で無意識のうちにバランスをとる

では、朝日新聞という日本を代表するジャーナリズム機関で、なぜこのような現象が起きてしまうのでしょうか。

いろいろな意見があるかもしれませんが、私としては朝日新聞をはじめとする日本のマスコミがお題目のように唱えている「中立公正」が生んだ弊害ではないかと考えています。

マスコミで働く者は、必ず「中立」な立場で物事を扱うように求められます。対立する2つの意見があるのなら、両方に取材して掲載をする「両論併記」を心がけます。実際にそうなっているかは別にして、彼らは自分たちではそうあるべきだと考えています。

そのようなマスコミが、日本を攻撃するような「反日報道」ばかりを垂れ流してしまったらどうでしょう。いくらそれが「社会正義」のためとはいえ、「両論併記」を新人時代から叩き込まれている現場の記者、デスク、紙面をつくる整理部、編集幹部などは無意識のうちに「バランス」をとろうとしてしまうのではないでしょうか。

具体的にどのようにバランスをとるのかといえば、「反日報道」とは百八十度真逆の「日本礼賛報道」を多く扱うことが、もっとも簡単でもっとも効果があるのはいうまでもありません。

つまり、**「日本礼賛報道」とは、「反日報道」のトレンドがあまりにも強くなりすぎてしまった際にマスコミ自身が「中立公正」という企業理念を守るため、無意識につくりだしている「逆トレンド」である**可能性が高いのです。

マスコミは「トレンド」に左右されている

「バカをいうな、事実を客観的に伝えてくれる報道ジャーナリズムに『トレンド』などあるわけがないだろ」というお叱り(しか)の言葉が飛んできそうです。しかし、これまでさまざまな報道を分析してきた立場からいわせていただくと、ジャーナリズムほど「トレンド」に左右されるものはありません。

私はこの20年間、テレビ・新聞・週刊誌の現場を経て、ノンフィクションライターとして取材活動をおこない、雑誌やネットに記事を寄稿してきました。現在はその経験を生かして、さまざまな企業や団体の「報道対策アドバイザー」もつとめています。

これはわかりやすくいえば、企業で不祥事やスキャンダルなどの問題が発生した際に、それ以上傷口を広げないよう適切なマスコミ対応をおこなう手助けをする仕事なのですが、じつはそこで重要になってくるのが、「報道」の分析なのです。

企業スキャンダルは、そのときどきの世論、業界や企業へのイメージ、あるいはワイドショーが連日のように取り上げている大きなスキャンダルがあるかないかというような「トレンド」によって、報じられ方に大きなバラつきがあります。

極端な話、同じくらいの知名度がある2つの企業が同じようなスキャンダルを起こしても、タイミングやちょっとした条件が異なっただけで、それぞれが受けるダメージには雲泥の差ができてしまうのです。

その微妙な「トレンド」を読み解いて、マニュアルだけでは対応のできない柔軟な広報戦略を示していく。それこそが「報道対策アドバイザー」の役割です。

これまで日常的に報道の傾向や構造を分析してきた私からすると、**「愛国報道」と「反日報道」は**訴えている内容が異なるだけで、じつは直前にあった社会的な出来事や世論という「トレンド」に左右されるなど、**根っこの部分では瓜二つ**にしか見えません。

「反日」も「愛国」も信念ではなくビジネス

のちほどくわしく解説しますが、「反日報道」を分析していくと、そこには日中友好を扱う朝日と読売の「販売競争」が背景にあることがわかります。

一方、「愛国報道」のルーツをたどっていくと、戦前、朝日新聞でもふれまわっていた日本民族は世界一優秀であるという「優生学」がベースにあるなど、当時の西洋列強に負けまいとする世論を意識していたことがわかります。

戦後になると、高度経済成長期には産業や経済分野で「世界一」をうたう報道が目立っていたのに、バブル崩壊後はそのような報道はガクンと減少して、代わりに野球やサッカーというスポーツ、日本文化、あるいは長寿などで「世界一」をうたう傾向が強くなっていることがわかります。

このような傾向を細かく見ていくと、「反日」も「愛国」もマスコミ側になにか揺るぎない信念があって報じられたものではなく、じつは単にその時代の「空気」や、マスコミ企業が置かれた環境に影響されていることがわかります。

つまり、**「忖度」によってつくり出された、きわめて「ビジネス的な論調」**だということがいえます。

じつはこれこそが、本書を手に取った方に知っていただきたいことのひとつなのです。

「反日マスコミ」という言葉があるネット上では、「朝日新聞などの『反日マスコミ』は、中国共産党や在日社会と通じる上層部が裏で糸を引いている」といった陰謀論が展開され、さながら日本転覆を狙う秘密結社のように語られていますが、冷静に考えてそんなことがあるわけがありません。

「日本礼賛番組」を手がけるディレクターたちは、日本人を勘違いさせてやろうなどという悪意をもたず、ただ純粋に視聴率のとれる面白いものをつくろうと思っているのであり、「従軍慰安婦」や「南京事件」は事実だと報じている記者たちは、彼らなりの「正義」に基づき、「日本のためになる」と信じているのです。

では、そのように「悪意」がなければ問題ないのかといえば、そうではありません。偏った主張をもとにして事実を歪めている以上、日本と日本人をおかしな方向へと誘導してしまっているのはまぎれもない事実です。

このように**「悪意」をもたないマスコミが、その時、その瞬間の空気を「忖度」した報道をおこない、それで大衆が扇動されてしまうということこそが、じつは本当に恐ろしいの**です。

「日本礼賛番組」のルーツは戦前にあり

先ほどもふれました「愛国報道」のトレンドをたどっていくと、戦前の朝日新聞などでふ**れまわられていた、日本人が世界一優れているという「日本民族至上主義」、そしてその優位性を「人種改良」でさらに究(きわ)めようというわゆる「優生学」に突きあたります。**日本民族が西洋人や中国人と比較するといかに優れているのかということを「科学的見地」にたって研究したものです。

平成の世にあふれている「日本礼賛番組」を戦前の報道と結びつけるなんて、いくらなんでも飛躍が過ぎると思うかもしれませんが、平成の世を生きる私たちが「常識」としてとらえていることの多くが、じつは戦前にルーツをもっているという動かしがたい事実があります。

終身雇用、国民皆(かい)保険などの社会システムはもちろん、日本人の健康を守るという健康診断やラジオ体操、さらには子供たちがおこなっている「前へならえ」や運動会はすべて戦時中の名残(なごり)です。

「戦後民主主義」という言葉によって、1945年以降になんとなくすべてが生まれ変わったようなイメージができていますが、じつは**現在のほとんどの社会システム、価値観は、戦前のものが引き継がれている**のです。そのような事実があるなかで、マスコミだけが戦前の影響を受けていないという理屈のほうに無理があります。

先ほど「日本礼賛報道」は「反日報道」が増えたことの逆トレンドだといいましたが、2000年後半から両者の均衡は完全に崩れさっており、「日本礼賛報道」の件数が圧倒的に増えています。**ここまでバランスが崩れたのは、国家総動員法が施行された太平洋戦争直前くらい**ではないかという指摘も多く聞かれます。

もちろん、現代と戦時中では社会も国際情勢も違いますし、法律も違います。バランスが崩れたからといって、すぐに日本が戦争に突入する危機があるなどとはまったく思いません。

しかし、行きすぎたナショナリズムが台頭する恐れはあると感じています。

「陰」と「陽」ではありませんが、日本はこれまで「反日」と「愛国」が互いにせめぎ合いながらバランスを保ってきました。そのバランスが崩れて「愛国」が強くなりすぎれば、「世界で四季があるのは日本だけ」に象徴されるような「自分たちは特別な存在だ」という勘違いが生まれます。

その勘違いは、かつてこの国を国際社会から孤立させたひとつの大きな要因である「日本民族至上主義」にもつながっていきます。

度を超した「自画自賛」は、その民族から謙虚さを奪い、他民族への排斥(はいせき)や差別につながっていく、ということは人類の歴史が証明しているのです。

「中立公正」の思い込みを捨てるとき

では、そのような「危機」がさし迫るなかで、私たちはどうすればいいのでしょうか。

嘘をまきちらす「マスゴミ」なんかみんな潰してしまえという過激な意見もあるでしょうが、毎日さまざまなニュースに囲まれて生活をしている私たちにとって、マスコミが必要不可欠な社会インフラになっているのも事実です。

そこで浮かび上がるのが「メディアリテラシー」という概念です。マスコミがさまざまな偏向報道をするのはしようがないという前提に立ち、それを決して鵜呑(うの)みにせず、その報道のなかで本当に信頼できる客観的な情報だけを吸収するという考え方です。

わかりやすくいえば、食べ物の中に含まれる「毒」を見抜いて、吐(は)き出し、ちゃんと食べられるところだけを食べるというイメージです。

たとえば、「日本礼賛番組」も「日本がすごいのは四季があること」なんてデタラメをバラまいているだけではなく、ちゃんとした客観的な事実やデータを紹介している番組があります。「日本はすごい！」「世界一だ！」なんて過度な演出を無視して、そのエッセンスだけを吸収すれば、ちゃんと知識として得られるものがある有意義な番組になるのです。

この「メディアリテラシー」をもつための第一歩は、**「マスコミの報道は中立公正」という思い込みを捨てること**です。

記者やジャーナリストは裁判官ではありません。ましてや神様でもありません。中立公正であろうと心がけて取材をしていますが、人間である以上そこには必ず「主観」が入ります。そして自分が信じる方向へ導こうとします。森友（もりとも）・加計（かけ）学園問題を扱った朝日新聞と、読売新聞や産経新聞の報道スタンスが対照的だったのがその証左（しょうさ）といえましょう。

つまり、報道やジャーナリズムというのは、大なり小なり「偏向」するものなのです。

その現実を認めないと、報道に踊らされます。ポジショントーク（自分の立場に有利になるような発言）にすぎないのに、「われわれが正しい」「そちらは捏造だ」という罵（のの）り合いがはじまり、「反日」や「愛国」というイデオロギーが背後にあるという陰謀論にまで発展してしまうのです。

報道もジャーナリズムも偏るのが当たり前。そのように心がけていれば、センセーショナルな報道に惑わされないのはもちろんのこと、その報道の裏に潜む客観的な事実を見抜くことができるはずです。

この本は「愛国マスコミ」が日本社会に及ぼす問題点をおもに指摘していますが、じつは本当に伝えたいのは**「メディアリテラシー」の重要性**です。

不完全な生き物である人間の手によって生み出される「報道」が、「中立公正」などという完璧（かんぺき）なものであるわけがありません。**すべての報道は不完全であり、どこかの方向へと偏って、大衆を特定の「答え」に誘導してしまうようにできている**のです。

そのような「悪意のない偏向」に踊らされないためにも、受け取る側がその情報の裏になにが潜んでいるのかを読み解いていく。不完全な報道をもとにして、自分自身の頭で考えていく。

ひとりひとりがそのような付き合い方をして、ようやく「報道」というものが機能していくのです。

第1章　「日本礼賛番組」の自画自賛が日本を狂わせる

「日本礼賛番組」の元ネタとなる「愛国報道」

「愛国マスコミ」による偏向報道が、「反日マスコミ」がおこなってきたそれと同じか、あるいはそれ以上に深刻な悪影響を日本社会に及ぼしている——。

この問題を考えていく前に、そもそも「愛国マスコミ」とは何ぞやということから考えていかなければなりません。

本書では、「日本こそが世界一」「日本人は世界で優れている」という自画自賛的な言説を「愛国報道」、もしくは「日本礼賛(らいさん)報道」と呼び、それをふれまわる新聞、テレビ、書籍や雑誌、インターネットニュースなどを「愛国マスコミ」と定義しています。

「個人の主義主張が色濃く反映される書籍やネットはマスコミじゃないだろ」という指摘があるかもしれませんが、じつはこれらは「日本礼賛番組」の「元ネタ」となるケースが非常に多いのです。

毎日つくられるテレビ番組では、「リサーチャー」という人が雑誌、書籍、ネットなどで「ネタ」を探します。そこで面白い記事や情報があったら、それを取材して番組にするという流れになります。「日本こそが世界一」「日本人は世界で優れている」というような書籍や雑誌やネットの記事が、「日本礼賛番組」に転用されているのです。

そのような「愛国報道」の川上に位置するものということで、書籍やネット記事なども「愛国マスコミ」のカテゴリーに入れることにします。

毎日、どこかで放送されている日本紹介系の番組

「愛国マスコミ」を考えていくなかで、やはり最も影響力があるのはテレビだということに異論をはさむ人はいないのではないでしょうか。

ネットニュースがあふれかえって新聞の購読者数が激減しているなかで、テレビも新聞同様、その影響力が低下してきているのは、まぎれもない事実です。

しかし、ＮＨＫ放送文化研究所が１９８５年から5年ごとにおこなっているテレビに関する世論調査の最新版「日本人とテレビ・２０１５」（２４４２人が回答）では、「欠かせないメディア」としてテレビをあげた人が最も多く、50％となっています。近年増えてきているネット（23％）も2番目ですが、まだその差は大きいでしょう。また、89％の人々が、テレビが人々のものの考え方や行動に「影響を与えている」と考えていることが明らかになっています。

このようなデータからも、「愛国マスコミ」のなかでも「日本礼賛番組」が最も世の中に影響を与えている可能性が高いのです。

そのあたりを検証していくために「日本礼賛番組」を整理してみましょう。２０１７年9月初旬現在、各局で放送している「世界」と「日本」の比較、あるいは「外国人」と「日本人」の文化を対比するような趣旨のテレビ番組は以下のとおりです。

【レギュラー番組】

『Ｙｏｕは何しに日本へ？』（毎週月曜18時55分〜、テレビ東京系）
『世界ナゼそこに？ 日本人 知られざる波瀾万丈伝』（毎週月曜21時〜、テレビ東京系）
『世界の日本人妻は見た！』（毎週火曜19時56分〜、ＴＢＳ系）
『世界！ ニッポン行きたい人応援団』（毎週木曜19時58分〜、テレビ東京系）
『和風総本家』（毎週木曜21時〜、テレビ東京系）
『たけしのニッポンのミカタ！』（毎週金曜22時〜、テレビ東京系）
『世界が驚いたニッポン！ スゴ〜イデスネ!! 視察団』（毎週土曜18時56分〜、テレビ朝日系）
『ｃｏｏｌ ｊａｐａｎ 発掘！ かっこいいニッポン』（毎週日曜18時〜、ＮＨＫＢＳ１）

【特番】

『メイドインジャパン』（ＴＢＳ系）
『ぶっこみジャパニーズ』（ＴＢＳ系）
『ニッポン最強漁師！　世界の海で頂上決戦！』（フジテレビ系）
『世界 vs 日本オモシロＣＭ全部見せます！』（テレビ朝日系）
『ニッポンの技で世界を修理　世界！　職人ワゴン』（テレビ東京系）

過去に放送したものまで含めると、『なんでもワールドランキング　ネプ&イモトの世界番付』（日本テレビ系、２０１１年10月18日～２０１６年3月18日）や『所さんのニッポンの出番』（ＴＢＳ系、２０１４年10月21日～２０１６年9月13日）などもあります。これほどの番組が放送されていることに、驚く人も多いのではないでしょうか。

ほぼ毎日、どこかのテレビ局で、外国人に日本を語らせたり評価させたり、あるいは外国の文化や風習と日本を比較することで、視聴者の自尊心をくすぐったり溜飲(りゅういん)を下げるというスタイルの番組を放送しているのです。

「日本のよさ」を再認識させる効果

しかし、ここで紹介したものをすべて「日本礼賛番組」だと決めつけるつもりはありません。たとえば、『Ｙｏｕは何しに日本へ?』というのは訪日外国人の行動に密着するドキュメントですし、『世界ナゼそこに? 日本人 知られざる波瀾万丈伝』『世界の日本人妻は見た!』なども、異国で暮らす日本人の人間ドラマに主眼を置いたものです。

実際、『Ｙｏｕは何しに日本へ?』のディレクターが、「日本礼賛番組」は大嫌いだとして、「『日本スゴい』ではなく『日本のそんなとこ発見するＹＯＵスゴい!』がテーマ」とツイッターに投稿して注目を集めています。

ただ、そのような作り手の「思い」とは裏腹に、視聴者側がこの番組に登場する親日家、あるいは日本にやってくるだけの動機をもつ**外国人たちの言動から、「日本のよさ」を再確認しているの**も事実です。

『世界の日本人妻は見た!』など、異国で暮らす日本人に海外での生活の不便さや戸惑いを語ってもらうことにも同じ効果があるでしょう。

制作者側からすれば「日本礼賛番組」というカテゴリーに入れられるのは不本意だという

ことはよく理解できますが、ではその要素がまったくないのかというと、残念ながらそうとはいい切れないのが現実です。

それは、ほかの番組にもあてはまります。特に大げさに日本や日本人を持ち上げることなく、淡々とカルチャーギャップに驚く内容のときもあります。

一方で、ときに露骨に日本を持ち上げたいがため、海外を貶めている内容のときもあります。**日本人の視聴者の気分をよくさせることに重きを置き、「日本がすごい」という結論へ導くために、強引に事実が歪められてしまっている**のです。

「日本は世界一」に持っていく3つのパターン

では、「日本礼賛番組」がいったいどのように事実を歪めていくのか、くわしく検証していきましょう。

多くの「日本礼賛番組」をチェックしていくと、「世界一」という結論へ導いていく流れは大きく分類して、以下のような3つのパターンに集約できます。

《自己満足型「世界一」パターン》

海外ではそこまで価値を認められていないが、日本人だけが価値があると思い込んでいる点を外国人に見せつけて驚かし、そのリアクションをもってして「この分野では日本が世界一」だと自己満足的な優越感にひたる。本来、文化というものは、違いはあっても優劣はない。にもかかわらず、強引に「日本」が優れていると結論づける。このパターンの報道があふれかえることで、日本人が誇らしげに思うポイントが、国際感覚と大きくズレてしまうという弊害（へいがい）が生まれる。

《勘違い型「世界一」パターン》

まったく異なる2つの事象を強引に結びつけ、因果関係があるかのように解釈してそれを「世界一」という結論に導くパターン。このような「偏向報道」によって、都合のよい数字やデータだけを採用して、恣意（しい）的な解釈をすることが当たり前となるという弊害が生まれる。

《手柄横取り型「世界一」パターン》

個人の業績や、記録が高く評価されただけなのに、その評価を「日本人」全体にあてはめようとする。オリンピックやワールドカップなどのスポーツ分野、ノーベル賞などの自然科学分野が多いが、「職人」に代表される技術者にもよくみられる傾向。

思い当たるものもあれば、これだけではいったいなんのことやらというものもあると思いますが、じつはこれは現在の「日本礼賛番組」のみならず、過去の新聞報道などで、日本や日本人を「世界一」と持ち上げる「愛国記事」でも同様にみられてきた傾向なのです。

つまり、**この3パターンは「愛国マスコミ」にみられる普遍的な特徴**ともいえるものです。

具体的なケースをもとにして、それぞれのパターンを解説していきましょう。

必要なのは「リアクションのいい外国人」

《自己満足型「世界一」パターン》がどういうものを指すかは、『世界が驚いたニッポン！スゴ〜イデスネ!!　視察団』を見ていただければ、よくわかるのではないでしょうか。

この番組はタイトルからもわかるように、外国人視察団が「スゴイ」と驚きそうな日本のポイントを視察させ、そのリアクションを見て、日本人としての誇らしさを感じるというもの。「海外＝遅れている」「日本＝進んでいる」というステレオタイプの見方に基づいて、遅れている外国人が日本のすばらしい技術や質の高いサービスなどを目の当たりにして衝撃を受けるというフォーマット（構成）です。

つまり、**この「日本礼賛番組」を成立させるためには、「驚いてくれる外国人」が必要不可欠**なのです。

「日本のすばらしい技術を見せれば、どの国の人だってみんな驚くだろ」と思うかもしれませんが、それは大きな誤解です。これだけの広い世界のなかで、普遍的な価値観などありません。さまざまな価値観、さまざまなものの見方があって当たり前です。

なかには、日本の場所すらよく知らないという外国人も存在しています。日本側が褒めてほしいポイントに、まったく価値を感じない外国人もいるかもしれません。そのような人たちに視察させても、「へえ、日本人ってのは変わったことをやってるね」という冷めた反応になってしまうのです。

これでは番組が成立しないのはいうまでもありません。つまり、この番組は、**日本側が褒めてほしいポイントの価値をそれなりに理解したうえで、「スゴイ!」というういいリアクションをしてくれる国の人**でなくてはいけません。そのような意図的な「方向づけ」が随所に感じられます。

わかりやすいのが、２０１６年12月３日に放送された「山手線　密着24時」の回です。番組ホームページを見ると、以下のような説明があります。

「ドイツの鉄道会社で働くプロが『山手線』を視察！　日本人も知らなかった『山手線』の
　秘密が明らかに!!
最短2分間隔の過密ダイヤを可能にする運行間隔調整
視察団が感動！　乗降時にスペースを空ける日本の整列乗車
車両基地から山手線に合流する列車に特別乗車！
山手線新型車両に搭載！　レーザーを使った線路設備モニタリング装置」

ドイツ人が絶賛「こんなに行儀よく並ぶ乗客はいない！」

説明を見ているだけで日本人として誇らしい気持ちになることでしょう。私も同じです。断っておきますが、私は日本の鉄道会社の技術はすばらしいものがあると思っています。特に時間の正確さにおいては、他に類をみない技術があるでしょう。ただ、**「他に類をみない」ということと「世界一」ということは、評価軸がまったく異なる**といいたいのです。なに屁理屈(へりくつ)をこねているのだと思われるかもしれませんので、「山手線　密着24時」に出演した外国人視察団のリアクションを例にして説明しましょう。

この放送回では、ドイツ鉄道で働くドイツ人男女2名が出演しました。その紹介ナレーシヨンを引用します。

「国内全土に広がる鉄道網をもち重要な交通手段のひとつとして鉄道が発達しているドイツ。最大の鉄道会社ドイツ鉄道で32年間毎日ミュンヘンを走る運行電車の車掌として活躍しているベルンハルトさんと、車両の修理やメンテナンスをするエンジニアでありながら運転資格をもっているザーラーさん」

そんな「ドイツの鉄道を知り尽くすふたり」がＶＴＲの冒頭で、山手線の朝の通勤ラッシュを視察します。そこでベルンハルトさんが「なんてことだ！」と驚きます。降りる人が先で、乗る人は整列をして待つという いわゆる「整列乗車」を見て、

「降りる人のスペースをあけ行儀(ぎょうぎ)よく並ぶ光景は見たことありません。ドイツだと、みんな並ばないのでドアの前でゴチャゴチャになってしまいます」

「そうそう、日本人がすごいのはここだよ。几帳面(きちょうめん)といわれるドイツ人でも驚くということは、こういう行儀のよさは世界のどこにもない誇れるところだ」と胸を張る人も多いでしょ

うが、ここには大きなトリックがあります。

じつはドイツの鉄道員は「整列乗車」に驚きの声をあげているだけでなく、「電車の中がすごい人（でいっぱい）」と感嘆の声ももらしているのです。

この言葉からもわかるように、ドイツには山手線では毎朝みられる地獄のような通勤ラッシュはありません。２０１７年４月に『シュピーゲル』というドイツの総合週刊誌がおこなった調査によると、ドイツ人は３人に２人が通勤に車を利用して、電車やバスという公共交通機関を利用する人はわずか13％にすぎないのです。

そのような電車をめぐる環境がまったく異なるドイツの鉄道員に、これまで見たことがないような混雑した電車とそれに規則正しく乗り込む乗客の姿を見せたらどうでしょう。「カルチャーギャップ」に驚くに決まっています。

彼らはべつに日本が優れているから驚いているわけではなく、ただ単に自分たちの国の鉄道事情とのあまりの違いに衝撃を受けているだけなのです。

「列に並んで電車に乗る」は自慢するようなことか

「なんだかんだといっても、日本人の乗車マナーが世界一なのは間違いないことじゃないか」

と思う方もいるかもしれません。これもマナーではなく、ごくごく単純に電車運行側の「都合」が消費者に押しつけられたものであって、なにか自発的に生まれた行儀作法のようなものではありません。

明治から大正にかけてすすめられた鉄道輸送力の強化という「国策」のため、国民が協力を強いられた「ルール」なのです。電車の正確な運行について調べた経済ライター・三戸祐子氏は、朝日新聞に以下のように書いています。

「通勤輸送の流れを速くするために、次に目を付けられたのは停車時間を削ることだった。駅の数が多い日本では、これが思いのほか効果を発揮し、乗客の乗り降りのテンポが急激に速くなる。大正3年に1分ないし2分だった主要駅の停車時間は、大正7年には1分、大正14年にはなんと20秒にまで縮んでいる。『10秒で降りて、10秒で乗る』という移動のテンポや『降りる人が先で、乗る人は後』という公共マナーはこのときにつくられている」
(朝日新聞夕刊、2005年5月11日)

つまり、**「整列乗車」というのは、マナーとして優れている、劣っているという問題ではなく、西洋列強に追いつくという大きな流れのなかで生まれた「鉄道の輸送力強化の副産物」**

にすぎない、という見方もできるのです。

そのような日本固有の事情にもとづく鉄道の慣習を、まったく異なる発展をとげてきた他国の鉄道員に見せれば、「へえ」という驚きのリアクションになるのは当然です。

それが問題なのではなく、その**異文化にふれた驚きをもってして、あたかも「日本は優れている」と称賛する方向へ誘導するＶＴＲ構成が視聴者を勘違いさせていて問題**なのです。

もちろん、順番を待たずに乗り込むよりもきちんと整列して並ぶことのほうがいいに決まっています。外国人のなかにもこの点を高く評価している人がいるのも事実です。

一方で「くり返しくり返し、何度もテレビなどで自慢するようなことなのか」という問題があります。

国民性が違い、文化が違い、社会も違う状況では、当然「すばらしい」という価値判断も異なり、優劣をつけることは非常にむずかしいのは言うまでもありません。

われわれは「欧米」という言葉をよく使いますが、欧州の人からすればアメリカと一緒にするなという思いでしょうし、欧州のなかでもフランスとイギリスではまったく考え方も異なります。顔が似ているからといって、われわれ日本人と中国人、韓国人が同じ価値観なのかということと同じです。

多様な価値観があるなかで、日本人の価値観がたまたま「混雑時も列に並んで行儀よく乗車すべき」となっただけです。そのような**「ローカルルール」になにか特別な意味づけをして、あたかも海外よりも自分たちが優秀な民族だというふうに見せている**ことに、違和感を覚えるのです。

「ドイツ人も舌を巻くほどすごいなんて！」の快感

まったく同じような違和感は、先ほどのドイツ鉄道員の次の視察先でもみられました。池袋運輸区を視察し、「乗務点呼」を視察。秒単位まで細かい引き継ぎをしている姿をみて、ドイツのふたりは目を丸くする。

「秒単位で時計を合わせるんだ」「アルコールチェックかな」「ドイツではそこまでやりませんね」「ドイツではしません。非常にいいですね」と驚く。

「すごい大きな違いですね。ドイツだと車掌や運転士はそのまま車両へ行きます。点呼をして細かい情報交換をするということはやりません」

ＪＲの人は「品質の高い鉄道サービスを提供している」と説明し、うなずいて聞くドイツ鉄道のおふたり。

このやりとりを見た日本の視聴者は「品質のよさに妥協(だきょう)を許さない日本はやっぱりすごい」

「ドイツ人も舌を巻くほどすごいなんて」と誇らしくなることでしょう。

ドイツといえば、ヨーロッパを代表する先進国で、日本人と同じく几帳面（きちょうめん）な性格だといわれる。そんな国の「鉄道のプロ」が目を丸くして驚くなんて、なんて日本はレベルが高いんだ、と――。

じつは『スゴ～イデスネ!! 視察団』がドイツ鉄道のお二方を日本へ招く20年以上前、ドイツの鉄道からＪＲ東日本へ視察団が訪れています。

先の三戸氏の著書『定刻発車』（交通新聞社、２００１年）によると、この視察は日本の鉄道の定時運転の秘密をつきつめて、自国の鉄道をより正確にしようという主旨だったといわれています。そこで、番組の『視察団』さながらに、鉄道をつぶさに見て回り、その仕事の正確さに舌を巻き、もちろん先ほどの「点呼」の様子などもしっかり視察しました。

ほらみろ、ドイツ鉄道は日本の優秀さを認めているじゃないか、と思うかもしれませんが、そんなことはありません。番組でドイツ鉄道のふたりが、「ドイツではそこまでやりませんね」と言っていることからもわかるように、結局、20年前の視察団を驚かせた「日本流」はドイツに持ち込まれることはありませんでした。

ドイツが日本の真似（まね）をしたところで、鉄道をめぐる状況や国民性が異なるので機能しない、という結論が下されたからです。

「文化の違い」が「優劣」にすり替わる

その代表が、「路線網」です。ドイツの国土は日本の約9割と少し小さい程度ですが、路線の長さは日本の約1・8倍。約3万6000キロメートルという広大な路線網のなかには3573駅があります。

一方、日本の場合、JRの総延長は2万1140キロメートルで駅数は4586。

つまり、日本の鉄道は、ドイツと比較して駅と駅の間隔が非常に近いのです。これが日本の誇る「正確性」に影響を与えるのはいうまでもありません。停車する駅が多ければ多いほど、時間の調整が可能だからです。だから駅と駅の間隔が長い地方のローカル線などは、東京の山手線のように秒単位で運行されていません。

このように前提条件が大きく異なるなかで、日本同様の「正確さ」を実現しようとすれば、日本式の点呼のような厳しい規律くらいではすみません。車掌や運転士たちを秒単位で動く、まさしくマシーンのようにしないと、実現できません。

そもそもそこまでして「正確さ」が必要なのか、という議論もあったでしょう。**「世界一正確な鉄道」を誇らしく思う日本人にとっては意外かもしれませんが、世界を見渡すとじつ**

は「鉄道の正確さ」は必須条件として受け止められていないことがわかります。

もちろん、正確であるにこしたことはありません。が、多くの国で優先されているのは、公共交通機関としての運賃とそれに見合う車内の快適さや、安全性なのです。

たとえば、イギリスなどがわかりやすい例でしょう。

ご存じのようにこの国は鉄道発祥の地ではあるものの、お世辞にも「正確」とはいいがたい状況で運行されています。では、イギリス人たちの多くが毎日不満を抱えて、遠く離れた日本の鉄道を羨望の眼差しで見ているかというと、そうではありません。

そのあたりは、2003年より渡英しているマクギネス真美さんが『朝日新聞デジタル』上で「遅れるのは当たり前？　意外なイギリスの鉄道事情」で端的に表現しています。

「もちろん、イギリス人だって電車が遅れて怒っていないわけではないのだが、どちらかというと皆、慣れている、または、あきらめている、といった態度で、怒りや驚きをあらわにする人は少ないように思う」（朝日新聞デジタル、2012年2月23日）

これを一言でいってしまえば、「文化の違い」でしょう。「日本礼賛番組」における**「日本の○○は世界一！」には、この「文化の違い」という視点がごっそりと抜け落ちている**のです。

日本では秒単位でホームに到着する鉄道を例に出して、「日本の鉄道は世界一」と胸を張っていますが、そもそもほかの国は秒単位でホームに到着することにこだわっていません。

そりゃ、何分も平気で遅れてやってくるような鉄道よりも、時刻表どおりにピタッとやってきてくれるにこしたことはありませんが、**乗客も鉄道会社も、日本ほど「秒単位の正確さ」に執着する文化がない**のです。

そのような国の人たちが日本を訪れて、秒単位の正確さで到着する電車を見たらどうでしょう。「すごい！」と素直に驚くのは当然です。

「日本のシャワートイレでイラン人が大興奮！」は捏造？

自分たちがもたない「異文化」にふれたらびっくりするのは、国籍や人種を問わずみられる普遍的なリアクションでしょう。

しかし、『スゴ～イデスネ!! 視察団』などの「日本礼賛番組」を見ていると、そのような**カルチャーギャップから発せられる「すごい！」という声を、勝手に「自分の国よりもすごい！」と歪曲して放送している**場面が多々あります。

たとえば、２０１６年９月に放送された『メイドインジャパン　日本を誇りに思えるＳＰ』（ＴＢＳ系）という番組のケースがわかりやすいでしょう。

「この番組では、母国に里帰りする外国人が、母国にはない〝メイドインジャパン〟のスグレモノを家族にプレゼント」（番組公式ページ）して、そのリアクションを見て優越感にひたろうという、いかにも「日本礼賛番組」らしい上から目線のつくりとなっています。

この回は、イランと日本のハーフの11歳少女が、まだ一度も会ったことがないイランで暮らす祖父に、日本製のシャワートイレなどの「メイドインジャパン製品」を届けにいくという内容でした。

そのなかで、イランの人々が日本製シャワートイレを初めて体験するシーンがあって、驚いて笑う体験者たちの表情が次々と映し出され、そこには彼らの発言として「これが噂のメイドインジャパンか」「たまらないなこれは」というテロップが載せられていました。

しかし、これにツイッターで異議を唱えたのが、朝日新聞のテヘラン支局長（当時）・神田大介氏でした。以下がそのツイートです。

「で、イラン人がウォシュレットを使うシーンでも、そのイラン人が全く言ってないことがテロップに出てくるんですよ。『気持ちいいし勝手に洗ってくれる』とか。ペルシャ語では『ありがとう』という意味のことを複数回言っているだけなのに。放映されていない部分で言ってるのかもしれませんけどね」（２０１６年10月1日）

この指摘が正しければ、単にシンプルな感謝、あるいはこれまで見たことのない機械にはじめて触れた驚きを口にしただけなのに、「日本礼賛番組」の企画にマッチさせるための「日本の技術はすごい！」という方向へ歪曲してしまっているということです。

ちょうどオンエアを見ていた私も、あのシーンには大きな違和感を覚えました。

じつはイランなどの中東では、用を足した後に洗う習慣があります。ですので、**あちらのトイレには、おしりを洗浄するためのシャワーが設置されていることが多い**のです。

そのような文化の国の人が、シャワートイレに「ありがとう」と感謝を口にするのはわかりますが、テロップでくり返されるような「メイドインジャパンを礼賛」する発言をくり返すとは思えません。

いずれにしても、シャワー洗浄の文化があるイランの人々にシャワートイレを紹介しただけなのに「大興奮」「未知の体験」と煽（あお）って、いかにも日本の技術が優れているかのように強調するのは、見ていてあまり気持ちのいいものではありません。

「自画自賛」が常識となった社会の行方

「文化」がまったく異なる人々、あるいは競ってもいない人々に、自分たちが得意なものを見せつけて、その驚きをみて優越感にひたる――。

これが「日本礼賛番組」における基本的なフォーマットのひとつである《自己満足型「世界一」パターン》です。

最近、「外国人観光客に人気」としてテレビでよく紹介される「自動販売機が世界一多い」とか「マンホールの蓋のデザインが世界一バリエーションに富んでいる」、あるいは「オタク文化」なども典型的なこのパターンといえるでしょう。

世界の国々が自動販売機の普及やマンホールの蓋の多様性、オタク文化で競っているわけでもなく、単に日本の特殊事情から生まれた現象のひとつにすぎないのに、「外国人が驚いている」ということのみを論拠として「世界一」だとふれまわっています。

これを「自画自賛」といわずしてなんといいましょうか。

このような指摘をすると必ず「日本で生まれた文化に、外国人が驚いてくれるんだから少しくらい得意気になって何が悪い」という反論がくると思いますが、私は自分たちの国を誇らしいと思う感情がいかんなどといっているわけではありません。

自分の国こそがすばらしいと感じる「愛国心」は、どんな国の人たちでも程度の差はあれど、自然にわきあがってくる感情でしょう。

ただ、そのような「愛国心」をさらに刺激するため、異文化にふれて驚いている外国人の反応を利用して「自画自賛」に結びつけるのは、日本社会を健全な方向へと導かない恐れがあると言っているのです。

なぜか。**「自画自賛」が当たり前になった社会はファシズム（全体主義）へ傾倒していきやすい**ことを歴史が証明しているからです。

ドラッカーが指摘したファシズムの特徴

自分で自分を称賛する最も簡単な方法は、自分たちがよそよりも勝っているところ、自分たちが得意な分野によりフォーカスをあてていくことだというのは容易に想像できるでしょう。

つまり、**「自画自賛社会」とは、**自分たちが優れていると感じている部分をより磨（みが）いていいくという、**「細部」に対する強いこだわりにとらわれていく社会**なのです。

かつて、そのような「細部」へのこだわりが組織や技術に向けられた社会はファシズムだと指摘した人がいます。「20世紀最高の知」といわれたピーター・F・ドラッカーです。「マネジメント」のイメージが強いので、日本では経済学の権威と思われがちですが、じつはドラッカーはもともとファシズム研究の第一人者でした。１９３３年、ヒトラーが政権をとった日の数週間後に書きはじめた『「経済人」の終わり』（ダイヤモンド社、１９９７年）のなかで以下のように書いています。

「イタリアの印象を聞かれて、『乞食（こじき）がいなかった。汽車が時間通りに走っていた』と答えた老婦人を馬鹿にしてはならない。なまじの論文よりも、よほどファシズムの本質をついている。

ファシズムにおいては、汽車が時間通りに走り、乞食が大通りから追い払われる。南大西洋で最高速の船を運航し、世界一道幅の広い道路をつくる。組織と技術の細部それ自体が目的と化す。技術的、経済的、軍事的な有用性さえ、二の次となる」（Ｐ２１５）

どうでしょう、いまの日本社会と妙にシンクロしてはいないでしょうか。

「日本の鉄道は世界一」をうたうわけだから、普通に考えれば、「世界一快適な通勤」とか「世界一安全な鉄道」とか「交通機関としての有用性」に注目があたるはずです。しかし、**なぜか「運行ダイヤの正確さ」や「点呼をしっかりやる」という「組織や技術の細部」にフォーカスがあてられ、いつの間にかそれを追求すること自体が目的化してしまっている**のです。

技術や組織力なんてどうでもいい、などといっているわけではありません。本来、人間を幸せにする目的のために「組織」や「技術」があるはずなのに、いつの間にか、「組織」のなかで生きている人間や「技術」の恩恵に与かる人間にどのような影響を及ぼすのかということをすっ飛ばして、**「組織」や「技術」がなによりも優先される本末転倒な事態に日本がおちいっている**、といいたいのです。

107名が亡くなった2005年のJR西日本の福知山線脱線事故は、いまもさまざまな事故原因が語られていますが、過密ダイヤもそのひとつだといわれています。

制限速度の時速70キロを大幅に超える時速116キロ運転、各駅で停車時間はわずか15秒と余裕のないスケジュール、到着が遅れると客からも厳しいクレームが飛ぶ環境のなかで、あの事故は起こりました。

秒単位で正確に到着することもたしかに利用者にとってはメリットがあることかもしれませんが、それで「日本の電車は世界一」だと胸を張るよりも、殺人的な通勤ラッシュを解消したり、電車への飛び込み自殺を防止したりということのほうがよほど誇らしいはず、と感じるのは私だけでしょうか。

そのようなユーザーメリットになぜ注目が集まらないのかといえば、やはり**日本が「自画自賛社会」だから**です。

日本の鉄道員たちにとって、ラッシュの解消や運行の安全面で世界一を目指していくことより、日本型の規律正しい組織運営によって、正確な鉄道運行を追求していくことのほうが達成しやすい目標、つまり得意分野だからです。

そのような「自画自賛」できるポイントをどんどん磨いていった結果が、「世界一正確な鉄道」なのではないでしょうか。

戦前も称賛された「時計のように正確な鉄道」

日本には、過去にもこのように「自画自賛」をこじらせて全体主義へと傾倒していった「前科」があります。

満州国の独立を認めない国際連盟総会から対日勧告を出されて孤立を深めていった１９３３（昭和８）年、『日の出』（新潮社）という雑誌の10月号では「世界に輝く日本の偉さはここだ」という「自画自賛」をいく特別読み物の付録がつきました。以下はその目次の一部です（以下、引用部の旧字は新字に改めた）。

「時計のやうに正確な鉄道
世界を驚かす日本の発明
美的趣味は世界第一
日本製品の世界征服
世界に誇る水泳日本」

いかがでしょうか。そのまま現代の「日本礼賛番組」のタイトルに用いられてもまったく違和感がありません。

このような傾向はこの雑誌だけではありません。じつは**日本が泥沼の戦争に突入する直前は、いまとほとんど変わらないような「日本礼賛報道」があふれかえっていた**のです。

たとえば、「天空を衝いて世界一の大鉄塔」（朝日新聞東京版、1938（昭和13）年5月15日）のような定番の世界一はもちろん、幻に終わった日本の原爆開発で中心的な役割を果たす理化学研究所の仁科芳雄博士の原子核実験室による世界最大のサイクロトロン（円形加速器）の竣工がおこなわれた際には、「宇宙へ世界一の挑戦 理研の装置半ば完成」（朝日新聞東京版、1938年6月15日）などと、社会のいたるところに「世界一」をうたう勇ましい声があがっていたのです。

そう聞くと、「実際に日本がさまざまな分野で世界一という勢いがあったんだからしようがないだろ」と思う人も多いかもしれませんが、残念ながらそのような見方には賛同できません。むしろ、「世界一」をうたえるものを片っ端から探していたような印象を受けます。

この「日本礼賛報道」の多くに、現代の風潮とまったく同じ《自己満足型「世界一」パターン》がみられるからです。

だれも競っていないところで「世界一」を叫ぶ

たとえば、わかりやすいのは、1938年6月21日の朝日新聞東京版に掲載された「世界一の〝色分類〟 出現する政府公認色」という記事です。

これは商工省統制局合理課が、あらゆる商業部門の製品の規格統制をおこないつつあるなかで、政府が「色」の規格化をおこない「標準色」をつくるための委員会を設置したというニュースで、そういうことをやっている国がないので、「世界一」になるだろうというのです。

もちろん、規格がないよりもあったほうがいいに決まっていますが、果たしてこれは「世界一」をうたうようなものでしょうか。

また、同じ年の「大パノラマ『観光日本』これも世界一」（朝日新聞東京版、1938年12月12日）にも首を傾げざるをえません。観光を推進していくうえで、巨大なパノラマ日本地図をつくったというニュースなのですが、この当時、世界の先進国のあいだで、「パノラマ地図」をつくって競い合っていたような痕跡はありません。

だれも競争していないことをひとりでやって、ひとりで勝手に「俺が世界一だ！」と得意気になっているのです。

私はこのような、《自己満足型「世界一」パターン》の「日本礼賛報道」があふれたことが、のちに日本社会を覆い尽くす「軍国主義」につながったと思えてなりません。

なぜかというと、《自己満足型「世界一」パターン》は、ドラッカーが指摘したように**「手段」を「目的」化してしまう**からです。

そもそも、われわれはなぜ「世界一」がすばらしいと考えているのでしょうか。さまざまな分野で「世界一」になれば、そこで暮らす人々は「世界一幸せ」だということになるからではないでしょうか。つまり、「世界一」は日本国民を幸せにする「手段」にすぎないのです。

手段と目的を混同した「世界一の皇軍」

しかし、残念ながらこの時代の日本は違いました。

鉄塔の高さや、時計のように正確な鉄道、科学研究機器の大きさなどの「世界一」にこだわり、それでもまだ飽き足らず、今度は規格色やパノラマ地図まで「世界一」をうたいはじめる。そこで暮らす人間の幸せという視点が完全に抜け落ちて、「世界一になる」という「目的」がなによりも重視されるようになってしまったのです。

このように、**「手段」と「目的」をはきちがえて暴走するというのが、「軍国主義」の大きな特徴のひとつ**です。

本来、軍隊は国民の生命財産、そして幸せを守るためのものです。そんな「手段」だったはずの軍隊がいつの間にか「世界一の皇軍になる」という「目的」を掲げ、そのために国民が強制的に協力させられるようになってしまったのです。それは以下の記事の見出しからもうかがえるでしょう。

「けふ満洲国の建国節／好々（ハオハオ）　日本軍は世界一　波うつ信頼と感謝」（朝日新聞、１９４２

〔昭和17〕年3月1日）

この戦争はもともと「欧米列強からアジアを解放する」という高い志（こころざし）のもとではじめられました。それは建前であって、資源確保が目的だったと主張する人もいます。いずれにせよ、軍隊は戦争をおこなうための「手段」にすぎませんでした。

しかし、その単なる軍隊が、いつのまにか「皇軍」とあがめられていきました。そして、徐々に戦況が悪化していくにつれて、厳しい軍律や滅私奉公（めっしほうこう）的な精神論を守るという組織の細部にこだわることが「目的」となってしまい、結果として、国のために命を投げ出すことを美化する軍国主義が誕生してしまいました。

国民の生命や安全を守るという「目的」がどこかにすっ飛んでしまい、「手段」であるほうの軍隊の規律、〝国体〟を守ることが「目的」化してしまったのです。

この論理の飛躍は、乗客の安全をすっ飛ばして、「手段」であるはずの運行ダイヤの正確さを守ることが「目的」化してしまう日本型組織の風潮と妙に重なってしまうのです。

たかがバラエティ番組じゃないか、と笑う人も多くいるかもしれません。ただ、笑っているあいだに気がつくと支配されているのが、本当の全体主義なのです。

第2章　牽強付会な「愛国報道」が日本をダメにする

戦前からある「日本の自然は特別」の論理

「日本礼賛番組」でよくみられる「自画自賛」が、じつは軍国主義にもつながっていく恐ろしい考え方だということがよくわかっていただけたと思いますが、「日本礼賛番組」がもたらす「害」はそれだけではありません。

さまざまな問題がありますが、そのなかでも深刻なのが、やはり**「物事を客観的に見ることができなくなる」**ということでしょう。

行きすぎた「自画自賛」にも重なってくることですが、とにかく「日本がすごい」「日本は世界一」という結論ありきのストーリーが大量にあふれかえるわけなので、それを視聴させられる側もいつの間にか、さまざまなデータや現象をすべて日本に都合のよいように解釈していくことが当たり前になってしまうのです。

そのような「害」を特にもたらしやすいのが、「日本礼賛番組」における事実の歪め方の2つめ、**《勘違い型「世界一」パターン》**です。

これは序章で紹介したように、「四季」がその象徴でしょう。厚切りジェイソンさんが指摘したように、「愛国報道」のなかには、「日本には四季があるからすごい」という論調がよくみられており、まるで**「四季」という自然現象が地球上では日本だけにしかないような誤解を広めているの**です。

事実、厚切りジェイソンさんの発言が話題になったために、『バイキング』（フジテレビ系）で取り上げることになった際にも、MCの坂上忍（さかがみしのぶ）さんが「アメリカにも四季ってあるの？」と困惑していました。

では、なぜこのような《勘違い型「世界一」パターン》が生まれてしまうのでしょうか。

これまでの「愛国報道」を丹念にふりかえっていくと、**まったく因果関係のない2つの現象を強引に結びつけて、「世界一」という結論を導き出している**可能性が浮かびあがります。

つまり、「世界一」という日本人が望む結論へと持っていくために、かなり恣意（しい）的な解釈、あるいは飛躍ともいえるような強引な論理展開をしているのです。

なぜこのような「勘違い」がまかりとおっているのでしょう。「日本には四季があるからすごい」という論調は近年の「日本礼賛番組」のなかで生まれたものですが、じつはこのような日本の「自然」に対する「勘違い」は、かなり以前からあります。

それをたどっていくと、前章の「自画自賛」と同じく、戦前にまでさかのぼることができるのです。

たとえば、1931（昭和6）年11月9日の朝日新聞東京版には「大根をウンと食へ　世界一、恵まれてゐる日本人」という記事が掲載され、目を疑うような「勘違い」が披露(ひろう)されています。

「日本の大根は、その種類の多い事、品質の優秀なる事では世界一である」

あまりにも自信満々な感じから、世界中にさまざまある大根のなかで、日本の大根がずば抜けているみたいな印象を受けますが、そもそも海外には大根の存在すら知らない国も多いのです。大根をここまで愛して品種改良をおこなってきたのは日本だけなので、「世界一」になるのは当然です。

このような傾向はいまにはじまったことではなく、戦前から似たような「愛国報道」がくり返し広めつづけられています。それが「日本の自然（風景）は世界一」というものです。

ジェット気流にまで「世界一」

頓珍漢(とんちんかん)な「日本の自然礼賛」は戦後もつづきます。1955（昭和30）年3月15日の朝日新聞東京版の「日本上空は世界一　ジェット気流とは」という記事があります。

「日本の上空を通るジェットは世界一強いといわれ」ているという記述からもわかるように、たしかに冬の日本上空は寒帯ジェット気流と亜熱帯ジェット気流が合流して流速が増しますが、**上空の気流の動きまで「世界一」をうたう**あたりが理解に苦しみます。

しかし、この無茶苦茶ともいえる強引な「世界一」がくり返されたことで、日本の「自然」とは、世界広しといえども、ここにしかない唯一無二(ゆいいつむに)のすばらしいものだという「勘違い」が形成されていったのです。

その最たるものが「日本の自然は世界一美しい」というものです。

たとえば、NHKで2011年1月17日に放映された『ワイルドライフ　日本列島　第1集　錦の森　北限のサルの物語』というドキュメンタリー番組があります。NHKのクロニクルというサイトに「番組の公式記録」である番組確定表をデータベース化した「番組表ヒストリー」があり、その内容説明には、このように書かれています。

「世界一美しいともいわれる紅葉。なぜ日本の森にしかいない生きものが多いのか？　雪の中にすむ世界北限のサル・ニホンザルの1年を追い、秘密を探る」

このような「紅葉」をはじめとして、「桜」や日本の野山など、日本の自然は世界一美しいという論調はよく見かけます。自然の景色が「四季」の影響を大きく受けるということは説明の必要がないでしょう。ということは、この2つの関係性から恣意的な解釈がなされた可能性はないでしょうか。

話が大化けするご都合主義的三段論法

「日本の自然は世界一美しい」という論調がくり返されていくうちに、話が大げさになっていき、いつの間にやら「日本の四季は世界一」という論調が生まれてしまう。それはわかりやすくいうと、以下のような三段論法になります。

1　日本の自然は四季があるから美しい
↓
2　日本の自然は「世界一美しい」と外国人から絶賛されている
↓
3　日本の四季は世界一

「いくらなんでもそんな飛躍したものの考え方はしていない。日本人を馬鹿にしすぎだ」と不快になる向きも多いかもしれません。しかし、われわれがかなりご都合主義的、自己中心的にこの世界を見ていることは、先ほどのＮＨＫの番組でもうたわれている「世界一美しいともいわれる紅葉」という論調によくあらわれています。

四季が世界のどこにでもあるありふれた現象であるのと同じく、じつは「紅葉」も世界中にあります。

たとえば、有名なのは国旗にもカエデがデザインされているカナダのローレンシャン高原。ここにあるモン・トランブラン市には秋になると多くの観光客が訪れており、「世界一美しい紅葉が見られるスポット」（トリバゴジャパン、２０１３年11月６日）といわれています。

カナダだけではありません。ドイツのデュッセルドルフ、オーストリアのアーホルンボーデン、フランスとスペインにまたがるピレネー山脈、さらには映画『ハリー・ポッター』にも登場したイギリスのディーンの森、中国の九寨溝（きゅうさいこう）など、世界的知名度のある紅葉スポットは山ほどあります。アメリカのバーモント州には、「紅葉街道」といわれる「バーモントルート１００」が走っており、多くの観光客が押し寄せています。

日本人として、日本の紅葉が美しいことにまったく異論はありませんが、「美しい」という感覚はそれを見る人の文化的社会的な背景によって変わってきます。だれが、何をもってして日本の紅葉を「世界一」と評価しているのか、首を傾げざるをえません。

このように自己中心的に物事を見ることに慣れきってしまっている私たち日本人が、「日本の自然は世界一美しい」という論調を自分たちでふれまわっているうちに、「日本の四季は世界一」にまで飛躍させてしまったというのは、それほどおかしな話ではありません。

「日本人の勤勉さと技術力で経済大国になった」

「日本礼賛番組」でよくみられる《勘違い型「世界一」パターン》が、自己中心的な思考にもとづいた「論理の飛躍」にあることは、われわれ日本社会のなかで「常識」のように語られている「論理の飛躍」からもよくわかります。

代表的なものが、「日本が世界第2位の経済大国になれたのは技術力のおかげ」というものです。

いまでは中国に追い抜かされてしまっていますが、日本のGDP（国内総生産）はアメリカに次いで世界第2位という時代が長くつづきました。この背景には、敗戦の焼け野原のなかから「奇跡」とまで称されるほど急速な経済成長があったことはよく知られています。

では、なぜ日本が急速な経済成長を遂げることができたのでしょうか。おそらくほとんどの日本人は、以下のような２つの理由のどちらかを答えることでしょう。

「世界一勤勉な日本人が、一致団結して働いたから」

「高い技術力をもった日本製品が、世界を席巻（せっけん）したから」

日本人が「世界一の働き者」だというのも、われわれのなかでは「常識」として語られています。最近は大きな社会問題にもなっている「休む」ことに対する罪悪感、長時間労働から逃（のが）れられない責任感の強さなどは、だれもが納得する日本人の特徴といえるでしょう。

また、日本の「技術力」についても異論をはさむ人はいないでしょう。近年になって中国や韓国の企業が台頭（たいとう）してくる前は、たしかに松下電器（現パナソニック）、ソニー、トヨタ、ホンダなどに象徴されるように、「メイド・イン・ジャパン」がさまざまな分野で存在感を示していた時代があったのも、まぎれもない事実です。

この２つの現象をもってして、日本が急速な経済成長を果たした理由である、というのが日本人の「常識」として当たり前のように語られています。

成長をもたらした要因は「人口」

しかし、この「常識」は、じつはなんの科学的根拠もない、先ほどの「飛躍した論理」である可能性が非常に高いということをご存じでしょうか。

そもそも「世界第2位の経済大国」という評価は、GDPがアメリカに次いで世界第2位となっていたからです。

GDPというのは「人口×生産性」です。「生産性」についてはいま、日本の低さが問題になっていますが、先進国同士はどこも同程度の技術力や教育レベルなので、「技術力」ではGDPに影響を及ぼすほど生産性の「差」は生まれません。

また、「世界一の勤勉さ」と叫ばれているわれわれ日本人の生産性が他の先進国よりも低い事実からも、「勤勉さ」という抽象的な概念と、生産性の因果関係は認められません。

つまり、**先進国同士のGDPは、じつは「人口」に大きく影響を受けるのです。**先進国のGDPの順位は生産性ではなく、各国の人口の大きさに対応していることが明らかになっています。最終的にはその国の「国民の数」がものを言うのです。

そして、中国経済が台頭してくる以前、ヨーロッパやアメリカという先進国のなかで、アメリカの次に人口の多い国は日本です。

先進国のなかでアメリカに次いで世界第2位の「人口大国」となっていた日本が、世界第2位のGDPになるのは当たり前といえば当たり前の話であって、「技術力」の差や「勤勉さ」はそれほど大きな要因ではないのです。

そのあたりの分析は、元ゴールドマン・サックスのアナリストで、『新・観光立国論』（東洋経済新報社、２０１５年）で山本七平賞を受賞したデービッド・アトキンソン氏が詳細に分析をしていますので、興味のある方はぜひそちらをご覧いただきたいと思います。

断っておきますが、アトキンソン氏は「勤勉な国民性」や「高い技術力」が、すべて妄想だなどといっているわけではありません。日本には技術力の高い企業があることを認め、日本人労働者は真面目だということも高く評価しています。しかし、一方で技術力の低い企業も多く存在しており、勤勉ではない労働者も多く存在することも指摘しています。

つまり、そのようなバラつきのある**「個」の要素が**、ＧＤＰという日本経済の指標**「全体」に及ぼす影響は限定的であり、無関係とはいわないまでも主要素にはなりえなかった**ということを指摘しているのです。この分析は、「愛国報道」にもあてはまる日本社会の本質をみごとに衝いていると考えています。

「奇跡」ではなく「必然」

アトキンソン氏も著作でたびたび指摘しているように、戦前の1939(昭和14)年の時点で、日本のGDPはフランスに迫る世界第6位というポジションにつけていました。そのような戦前からの先進国だった日本が、戦争に敗れたところからGDPを右肩上がりに上げていくのは理にかなっています。

まず、「焼け野原」になったことが経済成長にはプラスに働きます。日本全国で「戦後復興」のためにさまざまな社会インフラの再整備がはじまりました。

道路、建物、電気、ガス、上下水道の整備という、まさしく国家を新しくつくりかえるような大規模公共事業がいくつもおこなわれました。その追い風を受けて、労働者の活躍の場がたくさんつくられていきました。

また、このような「復興特需」に加えて、1950年に勃発(ぼっぱつ)した朝鮮戦争にともなう特需(朝鮮特需)も成長の追い風になりました。

それらの特需によって多くの人の生活が安定したので、家族をもちはじめるようになりました。これによって人口が右肩上がりに増えていったのです。

アメリカのような移民の国以外の「戦勝国」の多くでは、人口の増えるスピードに勢いがなくなってきていました。そのなかで、**日本の「人口爆発」**、いわゆる「人口ボーナス」（子供と老人が少なく生産年齢人口が多い状態）**がＧＤＰ成長の大きな追い風になった**のはいうまでもありません。

事実、日本の人口が増加していく経緯をふりかえると、終戦直後と高度経済成長期の終わりの「ベビーブーム」と呼ばれる爆発的増加、さらには１９９０年代からはじまった生産年齢人口減少傾向にいたるまで、ＧＤＰの成長経緯とみごとに重なっています。

つまり、**日本が世界第２位の経済大国になったのは**「技術力」や「勤勉さ」があったからだけではなく、ましてや「奇跡」などという精神世界の話でもなく、**明治時代からの積み重ねと人口ボーナスがもたらした「必然」**なのです。

ＮＨＫがふれまわった「日本経済成功物語」

では、いったいなぜこのような「勘違い」が生まれ、それがなんの疑問も抱かれることなく「常識」として定着してしまったのでしょうか。先ほどのアトキンソン氏は著書『新・所得倍増論』（東洋経済新報社、２０１６年）のなかで、戦前の「戦争学」の影響ではないかと述べています。

「経済の大きさ、GDPランキングを重視するのは、完全に軍事や国防の視点です。（中略）近代の日本もそうでした。とにかく欧米の軍事力に追いつき、それを追い抜かすことが最大の目的でした。このような戦争学における『追いつき追い越せ』という思考が、戦後もそのまま『経済』という血の流れない戦争に適応され、現在にいたるまで思想の主流となっている可能性は否めません」（P79～80）

これに私も同意します。実際にこのような「戦争学」に基づく恣意的な経済解釈は、日本社会のいたるところへと波及しているからです。

たとえば、教育現場では、GDPという経済の大きさを達成したことを、人口増加には一切言及せず、「技術革新」というサクセスストーリーのみに結びつけて子供たちに教えています。「数」の勝利を民族の「優秀さ」によるものだとミスリードしているのです。

「日本は、度重なる不況を技術革新によって乗り越え、経済大国になります」（NHK高校講座　日本史、第40回、第5章　現代の世界と日本）

ただ、影響力ということでいえば、教育と同じくらい重要な役割を果たしたのは、やはりマスコミでしょう。テレビや新聞では、事あるごとに先ほどのような「サクセスストーリー」を吹聴(ふいちょう)してきました。

たとえば、２０１５年1月7日にＮＨＫで放映された「時論公論」の「戦後70年　日本経済の再生は」のなかで、今井純子(いまいじゅんこ)解説委員による解説が、マスコミがふれまわったサクセスストーリーの定番ともいうべきスタイルなので引用しましょう。

「【戦後70年の振り返り】

(輝かしい成功)

戦後、日本は、焼け野原から、高い技術力と、勤勉な国民性で、質の高い自動車や家電製品などをつくり、輸出して外貨を稼ぐ。こうした、外需主導の経済モデルで高い成長を遂げ、生活を豊かにしてきました。資源もないアジアの国が、１９６８年には、世界第2位の経済大国になり、80年代には、『ジャパン・アズ・ナンバーワン』ともてはやされるほどになりました」

資源もないアジアの国が世界第2位にまでのぼりつめたのは、「高い技術力」と「勤勉な国民性」のおかげ、という刷り込みは、このような「愛国報道」によっておこなわれたのです。

「ドイツを追い抜いたから日本のほうが優秀」の勘違い

《勘違い型「世界一」パターン》のベースに「戦争学」という軍事的な思考があるということは、われわれが「勘違い」をしていったプロセスを細かに見ていけばよくわかります。

先ほどのNHK解説にあるように、じつはわれわれが勘違いをした根っこは、世界第2位の経済大国になった「1968（昭和43）年」にあります。

なぜ日本が世界第2位の経済大国になれたのかというと、それまでの第2位を追い抜かしたからです。その国はどこかというと、いまも「技術大国」と評価の高いドイツです。つまり、われわれは「技術大国」を追い抜いて世界第2位という座についたのです。

「経済学」の視点でこの現象を見れば、この時点で**日本の人口がドイツの人口を超えはじめたのは明らか**ですが、「戦争学」という敵を打ち負かす思想でこの現象を見てしまうと、そういう結論にはいたりません。

「日本がドイツを経済で追い抜いたということは、日本のほうがドイツよりも優れている」ということになってしまうのです。

それをうかがわせるのが、朝日新聞の「日本礼賛記事」の件数データです。第４章の図２（１６６ページ）にくわしくまとめましたが、ドイツを追い抜いたあたりから、「経済・生活水準」「文化・スポーツ」などの分野で「世界一」をうたう報道が増えているのです。

ここに先ほどの「日本の四季は世界一」と同じく、以下のような三段論法があるのは明らかでしょう。

1　ドイツは「技術大国」という評価を受けている
　　↓
2　日本の経済がドイツを抜いて世界第2位になった
　　↓
3　世界第2位の経済大国になったのは日本がドイツより優れた「技術大国」だからだ

「日本人の眼は世界一」だと説いた読売

誤解なきようくり返しますが、日本が「技術大国」であるということを否定しているつもりはありません。日本が世界第2位の経済大国だったというのも、客観的な事実です。

問題は、因果関係がほとんどない2つの事実を恣意的に結びつけて、自分たちの都合のよいサクセスストーリーを捏造(ねつぞう)してしまっている、ということなのです。

お気づきでしょうが、このあたりは前章で指摘したこととまったく同じです。日本が軍国主義に傾倒していった時代も、やはり「サクセスストーリーの捏造」が非常に頻繁(ひんぱん)にみられるのです。

わかりやすい例が、1934(昭和9)年11月22日の読売新聞の「日本人の眼は世界一」という記事です。人類に共通する「眼」という器官を引っ張り出してきて、なにをもってして「世界一」だというのか理解に苦しむでしょうが、この記事では会話形式で、日本人の「眼」がいかに優れているかということを説いています。一部を抜粋しましょう。

「東大の石原忍博士によれば日本人は眼のよく見えることでは世界一なんだ。狙撃、夜襲、敵機発見何んでもござれ　眼の仕事なら断然負けない」

「眼は写真器のやうなもので、中は真暗なほど外景の影像が明瞭に網膜(もうまく)に写る。西洋人の眼は青いから光が幾分もれて入るから眼が悪い。ところが日本人の眼は真黒だから少しも光線がもれて入らないから良く見える」

「なるほど。では日本人は眼で世界をリードするかな」

いかがでしょうか。「日本の四季は世界一」という話がかわいくみえるほどの勘違いぶりではないでしょうか。ただ、それよりも注目すべきは「眼」の優秀さが、「狙撃」や「夜襲」「敵機発見」というところに結びつけられている点です。

先ほどのアトキンソン氏の言葉を借りれば、**戦争学における「追いつき追い越せ」という思考が、そのまま「日本人の眼は西洋人よりも優れている」というサクセスストーリーにまで適用されてしまっている**のです。

「日本人スチュワーデスは世界一」のお手盛り

このように戦争学が生み出した《勘違い型「世界一」パターン》は、前章の《自己満足型》

と同様に、戦争に敗れてからもしっかりと後世に受け継がれました。

その象徴的なものが、１９８３（昭和58）年7月11日の読売新聞で大きく特集された「『気くばり』は世界一　日本人スチュワーデス」という記事です。

この記事は「日本女性のマナー、モラルが低下」していると嘆きつつも「航空業界では国際的に、**『日本人スチュワーデスの接客態度は世界一』という声が高まっている」ということを紹介しているのですが、何をもってして世界一なのかという根拠にとぼしい**のです。

記事ではよく飛行機を利用する作家や、航空会社、キャビンアテンダントの女性の「私見」を紹介し、日本人スチュワーデスは「客の背に要望を察し」て気がきくことで「先輩見習う伝統」があると結論づけ、「いつまでも世界一であって欲しい」と結んでいます。

唯一その記事を補強するのが、すぐ隣に囲まれた「今春、日本女性24人を採用したエールフランス　仏で大量採用やっかむ声も　批判かわす『特性』」というコラムです。

ここでは、エールフランス（以下、ＡＦ）のキャビンアテンダント採用で、地元フランスと欧州共同体（当時）以外では、ブラジル人数名と日本人しかいないとして、その背景には日本人キャビンアテンダントの「質の高さ」があると結論づけているのですが、そのやり方がかなり「強引」なのです。

「ＡＦ本社側の『もちろん対日本人向けが中心だが、日本女性のすばらしい資質が、日本以外の路線でも評判になるだろう。そのことがＡＦの評価を高めることになる』という感想は、多少の外交辞令はあるとしても、日本人スチュワーデスの『質の高さ』を認めている、とみた」

みるのは勝手ですが、残念ながらこれは**かなり「お手盛り」というか、自分たちに都合のいい解釈**といわざるをえません。ＡＦ担当者の「対日本人向け」という言葉からもわかるように、24人の日本人女性が採用されたのは、フランスに大量に押し寄せてきた「日本人旅行者」の対応が主たるものだからです。

根深い「追いつけ追い越せ」の戦時思想

記事が書かれた１９８３年といえば、日本の海外旅行者が右肩上がりで増えて出国者数も４００万人を突破した時代です。フランスにも多くの日本人ツアー客が押し寄せはじめていました。

３年後にバブル経済（１９８６～91年頃）がはじまってからは、その勢いはさらに増して、高級ブランド店で「爆買い」をする日本人観光客の姿が多く見られるようになっていました。世界的な週刊誌『TIME（タイム）』で「世界の観光地を荒らすニュー・バーバリアンたち」として特集されるほど、日本人観光客は世界を席巻しました。

現在も世界第1位の「観光大国」として名を馳（は）せるフランスは、国と民間が一体となって観光戦略を推進してきたことで知られます。右肩上がりで増えている日本人旅行者への対応は喫緊（きっきん）の課題だった、ということは容易に想像できます。

つまり、AFが24人の日本人を採用したのは、現在の日本の百貨店や家電量販店が「爆買い」対応のために、中国人スタッフや中国語を話せるスタッフを増やしたのとまったく同じ、ごくごくシンプルに「日本人対応スタッフ」なのです。

それはこの24人のうち、キャビンアテンダントの経験があるのは3人、フランス語を話すことができた人が1人しかいなかったという事実からも明らかでしょう。

私はなにも当時の日本のキャビンアテンダントの質が低い、などといっているわけではありません。日本人にとっては、やはりきめ細かいサービスや気配りをしてくれる日本のキャビンアテンダントが最高でしょう。外国人のなかにも、そのような高い評価をする人がいたであろうことも否定しません。

ただ、日本人乗客が急増しているフランスの航空会社が、フランス語を話せない日本人キャビンアテンダント23人を雇ったというのは、客観的かつ冷静に考えれば「質」の問題でないことは明らかだ、と指摘したいのです。

しかし、この記事では「スチュワーデスとしての日本女性の『特性』が大きく評価されていることも否定出来ない」として、どうにかして日本女性の「質」の高さへと強引に結びつけようとしています。

他国のキャビンアテンダントに対する「追いつき追い越せ」の思想が色濃く出ているのです。それが「『気くばり』は世界一」という「日本礼賛見出し」をつくりだしています。

戦争に敗れて40年近く経過してもなお、この国のメディアが「戦争学」の影響を受けつづけていた証左（しょうさ）といえましょう。そして、このような恣意的な分析記事が、いまもあふれているのです。

危険な「自画自賛国家」

こうした主張を聞くと、「多少調子に乗ってしまったかもしれないが、そんなに悪いことなのか」とか「戦争に負けていろいろ自信をなくした日本人が、ようやく自信を取り戻したことに難癖（なんくせ）をつけるな」と不快になる人も多いでしょうが、私が「サクセスストーリーの捏造」をここまで問題視するのには2つ理由があります。

最も問題なのは、捏造してまで成功譚をふれまわることは、前章で問題視した「自画自賛社会」につながる危険性があるからです。

朝日新聞の「日本礼賛記事」の推移グラフ（166ページの図2）では、「日本のスチュワーデスは世界一」報道がなされた1983年以後、日本人や日本文化についての「世界一」をうたう見出しの記事も目立っていきます。日本人の海外旅行が増え、海外に進出する企業も増えはじめたのもこの時期です。

「技術大国」という国際評価をうけて世界第2位の経済大国だったドイツを追い抜いたことが、日本人のなかに芽生えた優越感を刺激して、**各分野の「世界一」が発掘されていき、さまざまな「世界一」があふれかえりました。**

その後、海外旅行者数や企業の海外進出が増えたことで、この傾向にさらに拍車がかかります。異民族・異文化にふれたことで「やはり日本のほうが優れている」というムードができたのです。

このような社会がいかに危ういかは、人にたとえるとわかりやすいかもしれません。

もしあなたの会社に、物事を客観的に見ることができず、つねに自分の都合のよいように考える同僚がいたとしましょう。それだけでも周囲からは「自己中」なんて感じで白い目で見られるのも間違いありませんが、さらにその同僚が「俺はあいつに比べてどれだけすごいんだ」「俺は同期のなかでナンバーワンだ」といいはじめたらどうでしょう。

白い目どころか、「なんて傲慢なやつだ」と、さまざまな人間と衝突することは間違いないのではないでしょうか。

日本もまったく同じです。「世界一」をうたいはじめてからほどなく、アメリカのジャパンバッシングをはじめ、さまざまな国との軋轢が生まれたのは、ご存じのとおりです。

もちろん、この衝突は基本的に貿易摩擦など経済的な要因によるものではありますが、そこには**「世界第２位の経済大国」にまでのぼりつめたがゆえに生まれた「傲慢さ」**があったことも否めないのではないでしょうか。

「サクセスストーリーの捏造」がもたらす恐ろしさ

ただ、「サクセスストーリーの捏造」が本当に恐ろしいのは、もうひとつの理由のほうです。

飛躍した論理をふれまわることが習慣化して、それが社会でも当たり前になってしまうと、なにか**深刻な問題が生じた際、その本質を見抜き、解決する力が失われてしまう**のです。

物事を客観的に見ることができなくなってしまうことは、自分を俯瞰して見ることができないということです。成功しているときはそれでも問題ないのですが、ひとたび落ち目になるとこれは最悪です。

自分のいったいどこが悪いのか、どこを改善すればいいのかがまったくわからない、いわゆる「自浄能力」がない状態になってしまうからです。

それこそが飛躍した考え方だという人もいるかもしれませんが、すでにこのような問題は日本社会で多くみられています。

たとえば、東芝がわかりやすいでしょう。

なぜ東芝のような日本を代表する大企業で「粉飾」が当たり前になってしまったのか、そしてなぜ問題を解決することができなかったのかを突きつめていくと、経営陣が「物事を客観的に見られなかった」ということに尽きます。

前経営陣からの申し送りや、引き継がれてきた大方針を踏襲(とうしゅう)していくことこそが経営になってしまい、いまの東芝の姿を俯瞰して、いったいどこに問題があって、どこを改善すべきかということが、見えなくなってしまっていたのです。

「世界一」をうたいはじめて暴走した日本企業

写真1　世界一をうたう原発広告（1982年10月25日付読売新聞）

では、なぜ東芝の経営陣は「客観性」を失っていったのでしょうか。いろいろな意見があるでしょうが、私は「原子力ムラ」の面々が1970年代を境に原発に関してやたらと「世界一の技術」をうたいはじめたことと無関係ではないと考えています。

たとえば写真1は、1982（昭和57）年10月25日に読売新聞に掲載された電気事業連合会の広告です。「当初、アメリカやイギリスから技術を導入してスタートしたわが国の原子力発電も、いまやその技術では、世界水準を超えるまでになりました」とあるように、「世界一」を鼓舞する内容となっています。

これは東芝も同様で、企業広告には「われこそは世界一」という自画自賛があふれていきます。そのような飛躍した論理が当たり前になった会社に、わが身を冷静に振り返ることができるでしょうか。

できるわけがありません。**東芝衰退の原因は、「世界一」という結論ありきの飛躍した論理が習慣化してしまった、客観性の欠如にある**のではないでしょうか。

ほかにも「世界一」を連呼していた大企業による、耳を疑うような「不正行為」が後を絶ちません。自社ホームページに「実は世界一・日本一を誇るものがいくつもある、KOBELCOの技術・製品」と高らかにうたっていた神戸製鋼所では、組織ぐるみで検査データの改竄をおこなっていました。少し前には、二度のリコール隠しをくり返した三菱自動車が、性懲りもなく燃費データの改竄をおこなっていたことも明らかになっています。

「日本の四季は世界一」という支離滅裂なロジックが当たり前のように語られる日本社会の姿は、「世界一の技術」にあぐらをかいて、自らを客観的に省みることができなかったこれらの企業と妙に重なって見えます。

長時間労働やパワハラなどの問題を受け、ついに国が「働き方改革」などとうたいはじめましたが、正直なところ日本人の働き方にはほとんど大きな変化がありません。

日本がここまで自分たちで問題を解決することができない背景には、「世界一の日本企業」が転落していったような「客観性の欠如」があるのです。

第3章　いまでもオリンピックが「国威発揚」の国・日本

ロシアとウクライナの戦争を煽(あお)ったテレビ番組

ここまで「日本礼賛(らいさん)番組」がおこなう事実の歪(ゆが)め方と、それが社会に与える「害」についてくわしく考察してきました。

かつて日本を無謀(むぼう)な戦争へと導いた「全体主義」や、まったく因果関係のない2つの事実を強引に結びつけてサクセスストーリーを捏造(ねつぞう)することが常態化することで生まれる「客観性の欠如(けつじょ)」などは、すべて「日本礼賛番組」の論調に見つけられます。

これらの番組では、日本を元気にする、日本人の誇りを取り戻すというようなメリットがうたわれていますが、じつはその真逆で、**日本から客観的で冷静な視点を奪い、全体主義的な社会につながる**というデメリットのほうがはるかに大きいのです。

ただ、「日本礼賛番組」が本当の意味で恐ろしいのはこれだけではありません。日本社会を暴走させていくという意味では、これまでの2つよりも恐ろしい「害」がひとつ残っているのです。

それは**「偏狭(へんきょう)なナショナリズム」**です。

とにかく日本が世界一すばらしい、日本人ほど優れた民族はいないという論調をくり返されれば、**社会に自国民第一主義ともいうべき排外主義的なナショナリズムが蔓延して、異民族や社会的マイノリティへの迫害にもつながってしまう**恐れがあるのです。

そう聞くと、「おいおい、いくらなんでもテレビ番組くらいで大袈裟な」と思う人もいるかもしれません。

しかし、世界を見渡せば、**テレビによってナショナリズムを刺激して、他民族への「憎しみ」を煽った例は多く確認**されています。

たとえば、ロシアとウクライナの民族対立を煽ったのもテレビ番組です。

２０１４年5月、ウクライナのオデッサで、ウクライナ民族主義者と過激なロシア系住民が衝突、火災が発生して、建物内のロシア系住民40人以上が亡くなるという惨事が起きました。

このとき、ロシア側は「ウクライナ民族主義者が死体を辱めている」「妊婦が殺された」などの報道を積極的におこなって、義憤にかられたロシアの若者を多く戦場へと送り込み、「弔い合戦」によって多くの人が亡くなりました。

しかし、２０１６年5月にＮＨＫで放映された『そしてテレビは〝戦争〟を煽った　ロシア vs ウクライナ　2年の記録』によると、じつはロシア側の報道は捏造で、ロシア国民にウクライナへの憎悪(ぞうお)を煽るための「プロパガンダ」だった可能性が高いということを、地元ジャーナリストらへの丹念な取材で明らかにしています。

テレビの本性は「感情を操る兵器」

そんなのは特殊なレアケースにすぎないと思うかもしれませんが、そうではなくこれがテレビの「本性」なのです。

「テレビジョン」の技術自体は1800年代からさまざまな研究者によって発展してきましたが、「テレビ放送」というものは第二次大戦直前に、欧米や日本の権力者たちが、大衆をスムーズに扇動(せんどう)していく「国家プロジェクト」として競い合うように開発したものです。その理論的な礎(いしずえ)となったのが、フランスの社会心理学者ギュスターヴ・ル・ボンの「群集心理」の研究です。

権力者たちは、**「大衆は理性ではなく感情によって動かされる」**というル・ボンの理論をうまく活用した兵器の開発に心血を注ぎました。そこで頭ひとつ抜き出ていたのが、ラジオ、映画、そしてテレビを国威発揚にフル活用したナチス・ドイツでした。

このような「感情を操る兵器」は、戦争が終わるとアメリカから「大衆の娯楽」の名のもとに世界中に広まっていきました。その一方で「見ている人間の感情を動かす」という機能が着目され、企業の広告や、投票行動に結びつく選挙討論番組に活かされていったのです。

そうしたテレビの特性をふまえると、「偏狭なナショナリズム」を過度に刺激するような「日本礼賛番組」があふれることによって、日本人の感情が動かされて他民族へのヘイトや不寛容さが生まれるというのは、あながち飛躍した話ではないのです。

そんな「偏狭なナショナリズム」に結びつきやすいと私が最も懸念しているのが、「日本礼賛番組」における事実の歪め方の最後である**《手柄横取り型「世界一」パターン》**です。

このスタイルの王道は、すばらしい技術をもった職人を登場させて、外国人を驚かせるというものです。

信じられないような細かな装飾をほどこす手先の器用さや、気が遠くなるほど長い時間を費やす集中力、「ものづくり」に対する真摯な姿勢をもつ日本の職人を前にして、外国人が賞賛して、「日本の職人は世界一」「日本の技術力の高さは世界一」と結論づけるのがお約束となっています。

「日本の職人は世界一」に潜む偏狭なナショナリズム

ただ、これは冷静に考えると非常におかしなことではないでしょうか。

たしかに、さまざまな番組に登場する職人さんたちの多くは、すばらしい技術をもっています。だったら、普通に考えれば、称賛されるべきは、長い時間をかけてそのような技術を体得したその職人「個人」であるはずなのですが、なぜか「日本の職人」という言葉で、まるでその**すばらしい技術をもった職人の功績が、すべての日本人職人にあてはまるように語られている**のです。

しかも、当たり前ですが、ほとんどの日本人はそのような職人技をもっていません。1億2600万人のなかでもほんのひと握りの人たちしか有していない特殊技術にフォーカスして、それをもってして「日本の技術力が高い」という結論にもっていくのは、かなり強引な気がします。

もっといってしまえば、世界を見わたせば、それぞれの国にそれぞれの伝統的な技術を継承している職人は存在します。みな日本の職人と同様に、先人からの教えをもとにして長い鍛錬（たんれん）をおこなっています。みな手先が器用で、ものづくりに真摯に向き合っています。

そのような普遍的な職人気質（かたぎ）にはまったくふれることもなく、さながら**「職人」という人々が日本だけにしか存在しない、きわめて価値の高いもののように自画自賛している**というのは、冷静に見ると「異常」としかいえません。

私は「日本の職人」がたいしてすごくないだとか、他国の職人と比べて技術が劣（おと）るなどと主張しているわけではありません。そもそも「職人」という「個人」についての話を、「日本の職人」として「全体」にあてはめるという考え方が、前章まで指摘してきたような「結論ありきのご都合主義的な解釈」だといっているのです。

日本には世界に通用する高い技術力をもっている企業があるのは事実です。世界一の技術を誇る職人や技術者がいるのも事実です。

しかし、そうではない企業もたくさんありますし、技術のない人々もたくさんいます。そのような人たちのことは無視して、優れたケースのみにフォーカスをあてて「日本は世界一の技術大国」と胸を張っています。

「世界第3位の経済大国」という事実と、ひと握りの技術力の高い企業や高い技術をもつ個人が存在するという事実を結びつけて、そこから飛躍して「日本全体の技術力が高い」という結論へもっていっているのです。

このように**個別のケース、個々の業績をいつの間にか「日本全体」のケースや業績にすり替える**のが、《手柄横取り型「世界一」パターン》の基本的な構造なのです。

「個人」と「国家」を混同するオリンピック報道

「個」と「全体」をごちゃまぜにしてご都合主義的に解釈をするのは、たしかに大きな問題ではあるが、「偏狭なナショナリズム」とはあまり関係ないのではないか、と首を傾げる人もいるかもしれません。

しかし、それは大間違いです。**日本における「ナショナリズム」は「個」と「全体」を混同するところからスタートする**といっても過言ではないのです。その格好の例がオリンピックでしょう。

国際的には、オリンピックは個人や団体でさまざまな競技の選手たちが競い合うスポーツの祭典とされていますが、なぜか日本人にはそのように受け取られていません。「個人」の頑張りを「日本全体」の頑張りにすり替え、褒め称えていくイベントだと考えられているのです。これは世界的にみてもかなりユニークな思想です。

実際、オリンピックの日本代表選手が金メダルを獲得した際の実況中継を聞いていたとき、私が衝撃を受けたのはアナウンサーの次のような絶叫（ぜっきょう）でした。

「見たか！　日本の底力！」

金メダルをもたらしたのは、その選手の個人の努力と才能であることに異論をはさむ人はいないでしょう。普通に考えれば、称賛はその「個人の底力」に向けられるはずですが、脊髄（せきずい）反射的に「日本の底力」という言葉が口をついて出てしまう。

ここには「戦争学」に基づく「追いつけ追い越せ」という思想が強く影響を与えていることはいうまでもありません。

個人の業績はそのまま国の業績であり、日本人全体の業績。このような飛躍した考え方が、じつはわれわれ日本人のなかに無意識に刷り込まれてしまっています。その事実を象徴するのが、２０１６年８月21日に放映されたＮＨＫの『おはよう日本』です。

この番組では、リオ五輪で日本人が多くのメダルを獲得したことなどをふりかえった後、「何のためにオリンピックを開くのか。その国、都市にとって何のメリットがあるのか」という問いを投げかけました。その答えとして、解説委員が耳を疑うような「五輪のメリット」を挙げたのです。

「国威発揚（はつよう）」です。

日本のスポーツ観はナチス・ドイツと同じ

もちろん、これは解説委員個人の見解かもしれませんが、発言をしたのはＮＨＫで長くアナウンサーとして活躍し、オリンピック中継の名実況までしている方です。そのような形でオリンピックに深くたずさわっている局員が五輪のメリットとして、いの一番に「国威発揚」を挙げるということは、ＮＨＫという日本の公共放送がオリンピックをそのようにとらえている、ということなのです。

ＮＨＫはしれっと口にしましたが、これはかなり「異常」な考え方だといわざるをえません。

ＪＯＣ（日本オリンピック委員会）ホームページの「オリンピズムってなんだろう」と題したコーナーで説明しているとおり、オリンピック憲章には、**「オリンピック競技大会は、個人種目または団体種目での選手間の競争であり、国家間の競争ではない」**と明記されています。

なぜこのようにクギを刺しているのかというと、かつてオリンピックを「国威発揚」の場にして、自国がいかに他国よりも優れているのかというＰＲにつかうなど政治利用をする国が多くあったからです。

その代表が、ナチス・ドイツです。

ヒトラーはベルリンオリンピックを、ナチスの科学技術力を誇示し、ドイツ国民の愛国心を刺激することにフル活用しました。

まず、会場には当時で世界最大のスタジアムを建設。閉会式はサーチライトを用いた光の演出で、その様子をおさめた映画『オリンピア』はベネチア国際映画祭で最高賞を獲得するなど、世界中でナチスの力を見せつけました。メダル獲得数でもドイツは圧倒的トップとなり、はからずもナチスが掲げる「アーリア民族の優秀性」をこれ以上ないほどわかりやすくドイツ国民に示す場となったのです。

このベルリンオリンピックの後から、ナチス・ドイツによるユダヤ人迫害にさらに拍車がかかっていくのはご承知のとおりです。

このようにオリンピックが民族主義に悪用されたという過去の教訓をうけ、オリンピックとは「個人の戦い」であって、「国家の戦い」ではないと位置づけられているのです。

もちろん、ロシアが、「国策」としてメダリストを生み出すためにドーピングをしていたことが明らかになっていることからもわかるように、一部の国はいまだにそのような「戦い」

をつづけています。中国や北朝鮮などもそこに含まれるでしょう。

そのような意味では、**「五輪＝国威発揚」と考えている日本は、**欧州、アメリカという西側の先進国よりも、**ナチス・ドイツや社会主義国家、あるいは一党独裁の国のそれとかなり近い**といえます。

外国人が首をかしげる「メダル数」への執着

「日本のような自由な民主主義国家を共産圏と一緒にするな」という声が聞こえてきそうですが、**日本社会にとってオリンピックは、共産圏のように「国威」を誇示する場となっていること**を示す証拠があります。

それが、「メダル数へのこだわり」です。

オリンピックが開催されるとテレビや新聞では、日本代表選手がこれまでいくつメダルを獲得したということを毎日のように報じます。そして、前回大会と比較して多い、少ないと一喜一憂しますが、じつはこのような反応をみせる国は世界でも一握りしかありません。**ほとんどの国はメダルの獲得数どころか、オリンピックにそこまで興味がない**のです。

NHKのBS1で放映している『cool japan 発掘！ かっこいいニッポン』

というテレビ番組があります。劇作家・鴻上尚史（こうかみしょうじ）さんが司会をつとめ、外国人とかっこいい日本の文化について語り合うというものです。

ここでオリンピックを取り上げて、自国でどれだけ話題になっているか尋ねました。その際のリアクションが、鴻上さんの著書『不安を楽しめ！』（扶桑社、２０１３年）にあるので引用しましょう。

「番組に参加した８人の外国人は、ほぼ全員が困ったような笑顔を見せました。この顔を見せる時は、日本人が期待していることと大きく違っている時です。

ヨーロッパの別々の国から来た外国人が同じことを言いました。

『私の国で一番盛り上がるスポーツ大会は、４年に一度のワールドカップです。それに比べたら、オリンピックは、ニュースにはなるけど、テレビにかじりついて見たりしないし、メダルを取ってもそんなに大騒ぎにならない』

アメリカ人は『一番、盛り上がるスポーツの祭典はアメリカンフットボールね。それに比べたら、オリンピックはたいしたことないね』と当然のように言いました。

ちなみに、オーストラリア人は『やっぱり、オージーボール（オーストラリアンフットボール）だね。オリンピックは、それに比べると地味だよ』と答えました」（Ｐ２１６〜２

17）

日本にとってスポーツは「娯楽」ではなく「国威発揚」

なぜヨーロッパやアメリカ、オーストラリアではオリンピックに関心がないのかというと、「知らない選手」の活躍を見てもおもしろくないから、とのこと。これらの国ではアメリカンフットボールやサッカー、オージーボールなどが「エンターテインメント」として確固たる地位を築いています。

つまり、だれもが知っているような有名選手が、すばらしいパフォーマンスを見せるのが「スポーツ」という位置づけなのです。いくら国家を背負っているからといって、名も知らない選手が活躍をしても、それほど関心がわきません。

「個」を楽しむことがスポーツだと考える欧州、アメリカ、オーストラリアなどの国々の人にとって、「個」よりも「国」が前面に押し出されるオリンピックは「エンターテインメント」ではないのです。

しかし、日本は違います。

テレビや新聞では連日のようにメダルの数を一覧に並べて、メダルを獲（と）った選手は、その生い立ちから家族までスポットライトがあたり、「国民的スター」になります。

その競技の世界では有名でも、一般の人たちにほとんど知られていないような選手が「日本代表」となったとたん、全国民の熱狂的な応援を受けることになるのです。

もちろん、どこの国でも自国の選手が活躍することは喜ばしいことです。しかし、日本のようにオリンピック開催中はテレビにかじりついて寝不足になるとか、日本代表選手の地元の体育館に集まって、中継を見ながら日の丸を振るような楽しみ方をしている国は、かなり珍しいといえましょう。

一方で、メダルの可能性がない競技は、露骨（ろこつ）にテレビや新聞の扱いが小さくなります。つまり、**日本人はオリンピックが好きなのではなく、「世界一になった日本人」が好き**なのです。

日本ではスポーツは、欧州、アメリカ、オーストラリアのような「個人」が見せるすばらしいパフォーマンスを楽しむ「エンターテインメント」ではありません。それゆえオリンピックは、とにかく「日本が勝つ」ことを目的として国民が熱狂するという、エンターテインメントとかけ離れた「国威発揚イベント」の様相を呈（てい）しているのです。

心臓が世界一だからオリンピックで勝てたと報じた読売

では、なぜスポーツを純粋にエンターテインメントとして楽しめないのかというと、「もともとそのような楽しみ方をしていない」ということが大きいと考えられます。

これまで指摘した「日本礼賛番組」でよくみられる事実の歪め方については、すでに戦前の「日本礼賛報道」でその萌芽をみてとれるのと同様に、「スポーツ＝国威発揚」でもよくみられます。

たとえば、１９３６（昭和11）年10月30日の読売新聞には、このような見出しが大きく掲載されています。

「諸君喜べ　日本人の心臓は強い強い、世界一　オリムピックに勝つも道理　統計が語る新事実」

記事では当時の「国民体力考査委員会」が日本人の死亡原因を調査したところ、１万人につき心臓と癌が原因で亡くなった人が７人以下で、フランスの15・３人、アメリカ、イギリス、イタリアなどの８人と比較しても少ないという結果が出たと述べています。

内容はさておき、そのようなデータがあるのはまぎれもない事実なのだから、それを報道するのは新聞社としては当然のことですが、不可解なのはそれをオリンピックに結びつけていることです。

じつはこの年、ベルリンオリンピックが開催され、日本はマラソンでアジアの国としては初めて金メダルを獲得したほか、競泳でも「前畑(まえはた)ガンバレ！」と日本中が熱狂した前畑秀子(ひでこ)氏をはじめとして４つの金メダルを取っています。

これらの「個人の業績」を、先ほどの調査とこのように結びつけているのです。

「わかり易い話が過ぐるベルリンオリムピツク大会で欧米の選手に比べてはるかに体格(たいかく)弱小のわが選手が堂々水上およびマラソンの覇権(はけん)を握つて全世界を驚嘆(きょうたん)させたが、これは実にわが国民の心臓が世界中で一番強いためであることがこの調査によつて立証されたのである」

「持久力を必要とするオリムピツク競技で断然わが選手が威力を発揮するのは一に〝心臓が強い〟結果にほかならないといふ愉快な結論に達した」

オリンピックは「日本人の優秀さ」を再確認するイベント

記事を書いた記者は上機嫌ですが、これは異常なロジックといわざるをえません。マラソンや競泳で優れた成績を出したといっても、それはしょせん「個人」であって、日本人全体にあてはまる身体的特徴ではないということは明白だからです。

しかも、もっといえばこのとき全世界を驚嘆させたマラソン日本代表は、朝鮮出身の孫基禎（ソン・ギジョン）氏です。日本統治時代が終わった後、孫氏は韓国の陸上界で活躍しました。

このような「個人」が金メダルを獲得したことと、心臓と癌による死亡率が他国より低いというまったく異なる２つの出来事をごちゃまぜにする。「時代」のせいだけにはできないご都合主義がここにあります。

いずれにしても、**当時から世界一の称号を得た「個人」と国家・民族という「全体」を強引に結びつけていく論理展開が当たり前**でした。そして、このような論調があふれかえることが、「偏狭なナショナリズム」に結びついた形跡も残っています。

１９３８(昭和13)年5月21日の読売新聞の「日本人はなぜ健脚か　歩くことでは世界一！」という記事では、文部省体育研究所の人間が次のような「説」を語っています。

「いま戦線にあるわれらの兵隊さんたちは、あの広い支那大陸を相手に、四、五百里も歩きつづけ、歩くことの下手な外国人をアツとばかり驚かせています。まさに疾風迅雷（しっぷうじんらい）、神技の絶讃をあびるこの健脚は、もともと背のひくい日本人独特のものです。オリンピックに出た世界各国選手をみても、大男より小男の方が脚が達者なのです」

歩くことくらいで、「神技」よばわりも驚きますが、さらに目を疑うのは外国人に対する「差別的な先入観」です。

「持久戦になると、大男は上半身の重みにまけるし、コンパスが長いと、それだけエネルギーが必要となつてひどく疲れるのです。そこで外人にくらべて、身体が小さいといはれる日本人は、歩くことに断然世界一の自信をもつてもいいワケです。第一外国人は坐るにも脚が半分しかまげられませんネ」

外国人が脚を曲げられないのは、正座や胡座（あぐら）という習慣がなく、曲げる必要もなかったからとはいうまでもありません。が、当時の日本では民族的な性質だという認識がまかりとおっていました。

知識不足といえばそれまでですが、このような「偏見」を助長させていたのは、スポーツが「国威発揚」の道具ととらえられていたからではないでしょうか。

「一人あたりメダル数」が示す日本スポーツの衰退

「たしかに日本は『スポーツ』というものに対してほかの国とは違う思い入れがあるのは認めるが、それのいったいどこが悪いのだ」と開き直る人もいるかもしれません。

「日の丸を背負った選手やチームが世界の舞台で活躍して、それに勇気をもらった日本国民が社会を盛り上げる。そのような好循環があって、景気がよくなったりすれば、むしろプラスではないか」という人もいるでしょう。

残念ながら、プラスにはなりません。そのような**個人の業績を全体に強引に結びつけて国威発揚をしようというのは、まさしく日本が戦前・戦中におこなってきたプロパガンダ**にほかなりません。

あの戦争がどのような結末になったのかという歴史をみても、そのような精神論がプラスに働くことはなく、**むしろ事態を悪化させていくことのほうが多い**のです。

事実、日本が長年スポーツを「国威発揚」に利用してきたことの弊害がじわじわとあらわれてきています。個人の頑張りに対して、「ガンバレ、日本！」と喉を嗄らせば嗄らすほど、皮肉なことに日本のスポーツが「衰退」しているからです。

その惨状が、日本人がもてはやす「メダル数」によくあらわれています。

２０１６年のリオオリンピックでは過去最高の41個のメダルを獲得したということで、日本中が大いに沸いたのも記憶に新しいことでしょう。

あの結果をうけて、日本の競技スポーツは世界を相手に何の引けもとっておらず、それどころかかなり高いレベルにあると考えている人も多いかもしれませんが、これも先ほどの話と同じで、世界のなかでも高いレベルにあるのは、メダリストたち「個人」にすぎず、決して日本人全体の競技スポーツのレベルが高いということにはなりません。

たとえば、リオ五輪までの夏季大会のメダル獲得数は４３９個で、世界で11位です（ソ連と東ドイツを除く）。そう聞くと、「ほらみろ、日本のスポーツはやはりレベルが高いじゃないか」と思うかもしれません。

が、先述のデービッド・アトキンソン氏がリオ五輪までのそれぞれの国のメダル獲得数を人口で割って、**国民１人あたりのメダル獲得数を算出したところ、世界で50位**という結果が出ています。

つまり、日本は1億2600万人という世界のなかでもかなりの**人口大国であるわりには、それほどメダリストが出ていないという状況**なのです。

裏を返せば、日本にメダリストが多いのは、日本全体のレベルが高いのではなく、ほんのひと握りであるスポーツエリートたちが孤軍奮闘しているからだという見方もできるのです。

「個人」をサポートしない日本では子供の運動能力が低下

私は、これこそスポーツを「国威発揚」の道具にしてきたあまり、「個人」の才能や能力をのばすことを怠(おこた)ってきたことのツケだと思っています。それを如実(にょじつ)に示すのが、日本の子供たちの運動能力の低下です。

文部科学省がおこなっている「体力・運動能力調査」によると、現在の子供の体力・運動能力は、親世代である30年前と比較して、ほとんどのテスト項目において、親世代を下まわっています。たとえば、11歳男子のソフトボール投げは昭和60年度が34メートルだったのに対して、平成27年度には約27メートルにまで低下しています。

日本国民の相対的な運動能力の低下は、「スポーツ」をおこなう機会が減っているから、と文部科学省では指摘しています。

「そんな馬鹿な。俺のまわりでは野球やサッカーに興じる子供がたくさんいるぞ」「体操教室などでメダリストを目指して頑張っている子供もたくさんいるぞ」という意見もあるかもしれませんが、それは先ほどの「職人」と同じ構造です。

Jリーグやプロ野球を目指して日々練習に励む子供もいますが、それはあくまでその子供個人であって、「日本の子供」ではありません。そのような**「個人」の頑張りにあぐらをかいて、社会全体でスポーツに力を入れる「個人」をサポートしてこなかったので、「全体」が地盤沈下してしまっている**のです。

それを象徴するのが、スポーツの「市場」です。

たとえば、アメリカのスポーツ産業は60兆円の規模に達していますが、日本はどうかといえば約5兆円。約12倍の開きがあるのです。

日本とアメリカでは国としての規模が違うという指摘があるでしょう。たしかに、そのとおりで、人口でいえばおよそ3倍の開きがあります。GDPは「人口×生産性」なので、人口と比例するようにアメリカは日本のおよそ4倍のGDPとなっています。

この対比でいけば、少なくとも日本のスポーツ産業は15兆～20兆円規模でなくてはいけません。５兆円というのはあまりにも少ないといわざるをえません。

では、なぜここまで顕著に日本のスポーツ市場は盛り上がっていないのでしょうか。

答えは簡単で、日本とアメリカの「スポーツ」に対する考え方がまったく異なっていることが大きいのです。

「個人」を正しく評価する米スポーツ市場は成長

じつはアメリカでは、２０００年代からスポーツを「エンターテインメントビジネス」としてとらえ、スタジアムパークの整備など地道な改革をつづけたことで産業化に成功して、２０１０年には市場が急速に拡大しています。

20年前までは、アメリカでもスポーツはわずか18兆円ほどの産業でした。同時期の日本は約６兆円。つまり、先ほどの人口比の「3倍」の関係が成り立っていたのです。

その後、アメリカは産業化に成功したことで一気に3倍以上の成長を果たしますが、日本はどうかというと1兆円減少してしまい、現在の12倍という格差が生じてしまったのです。

アメリカがスポーツを「エンターテインメント」産業として盛り上げていくのと対照的に、**日本のスポーツが衰退していった背景には**何があるのでしょうか。

さまざまな意見があるでしょうが、私はここまで述べているように、**日本がスポーツを長く「国威発揚」の道具にしてきたことが大きい**と思っています。

たしかに、ワールドカップ予選やオリンピックは日本中が大盛り上がりする国民的なエンターテインメントになっていますが、盛り上がるのはその時期のみという厳しい現実があります。

では、それ以外のときに、卓球や水泳で日本中が熱狂しているかというと、そうではありません。これらのスポーツを支えているのは、オリンピックやW杯のときにだけ大盛り上がりする人たちではなく、そのスポーツのことを以前から好きな「ファン」の人たちです。

つまり、**日本のスポーツはオリンピックやワールドカップのときにだけ瞬間風速的に盛り上がるだけで、基本的には「一部の愛好家」たちのもの**なのです。

しかし、欧州やアメリカ、オーストラリアなどはそうではありません。

これらの国ではスポーツは、鍛え抜かれたアスリートたちが見せるすばらしいパフォーマンスを見るエンターテインメントです。「個人」のパフォーマンスを楽しむから、メジャーリーグのイチロー選手や、欧州で活躍する日本人選手のように外国籍の選手であっても、すばらしいプレーをすれば、国籍や人種を問わず高い評価を受けることができるのです。

「日本代表」は応援するが「個人」は応援しない日本

そのように裾野が広いエンターテインメントなので、「一部の愛好家」だけではなく、そこまでのめりこんでいない人も楽しむことができます。たとえば、球場は「ベースボールパーク」というくらいで、ただ野球をするだけではなく、ショーもあれば食事も楽しむことができるのです。

多くの人が楽しめるということは、それだけ「市場」も成長します。アスリート個人の活躍に熱狂するというビジネスモデルなので、次のスター候補である子供たちの育成にも力が入ります。

運動能力の高い「個人」は正しく評価され、手厚いサポートがされます。「国家」を背負わなくとも、優れた「個人」があらわれれば、エンターテインメントとして成立するからです。

つまり、アメリカのスポーツ市場が右肩上がりで成長をしたのは、「個人」のパフォーマンスを「個人」が楽しむ仕組みをつくりつつも、それに憧(あこが)れる「個人」が次のスターを目指していくというビジネスの好循環がしっかりとまわっているからなのです。

ひるがえって、日本はどうでしょう。**ほとんどの国民は「日本代表」のパフォーマンスに熱狂しても、「個人」のパフォーマンスを評価するのは一部のファンのみです。**もちろん、そのような「個人」になりたいと夢を抱いて努力をつづける子供たちはいますが、そのほとんどが自己努力です。

そんな「個人」の頑張りまかせで、「スポーツ市場」が盛り上がるわけがありません。

ノーベル賞受賞は日本の科学技術力がすごいから？

「個人」の業績を「国威発揚」にフル活用するわりには、「個人」が活躍するためのサポートがじつはそれほど充実しておらず、「個人」の自己努力に頼っている。その結果として頭ひとつ飛び出た「個人」はあらわれているものの、「全体」でみるとじわじわと地盤沈下が進行している――。

このような日本のスポーツが抱える問題は、日本社会のいたるところに散見されます。そのなかでも深刻な状況を生んでいるのが、自然科学分野の研究です。

近年、ｉＰＳ細胞の山中伸弥（やまなかしんや）氏をはじめ、青色発光ダイオードの発明、ニュートリノ振動の発見などで日本人のノーベル賞受賞が相次いだことで、「科学技術立国・日本」が復活しているとメディアは大いに沸いています。

たしかに、内閣府によると2001年から2015年までで、医学・生理学、物理学、化学の自然科学3分野における日本人受賞者の数は、アメリカの54人に次いで15人と、世界第2位にあがっています。(米国籍の日本人も受賞者に含む)

このような状況がくり返し報道されることで、「なんだかんだいっても日本の科学技術はまだ世界一なんだな」と胸をなでおろしている人も多いかもしれませんが、じつはこれもメダル数とまったく同じ構造です。

日本人のノーベル賞受賞者が増えているということと、日本の科学技術力のあいだには明確な因果関係はないのです。

まず重要なポイントとしては、これらの「日本人」受賞者の多くが、米国に移住して米国を研究拠点にしており、評価された研究成果も米国でおこなわれているという事実です。2008年に物理学賞を受賞した南部陽一郎(なんぶよういちろう)氏のように「日本人」であるものの、米国に帰化している方もいます。

つまり、米国の研究環境の恩恵を受けつつ、研究者個人がなしえた業績という要素が強く、**米国の基礎研究のレベルの高さは反映していても、「日本の科学技術力」によるものではない**のです。

評価されたのは20～30年前の研究成果

「いや、たしかにアメリカの世話になっている部分はあるかもしれないが、こういうノーベル賞を獲得できるような人材を生み出したのは、日本の教育システムであり、日本の理系教育が優れていることの証だ」と思う人もいるかもしれません。たしかに、そのような部分はあるでしょう。

ただ、手放しで喜べないのは、このすばらしい受賞者たちを生み出した「日本の理系教育」と、現在の「日本の理系教育」のあいだには大きな隔たりがあるということでしょう。

文部科学省の「平成28年版科学技術白書」の「特集　ノーベル賞受賞を生み出した背景」には以下のような記述があります。

「ノーベル賞受賞につながる研究業績を上げた年から、ノーベル賞を受賞した年までの年数を見ると、１９４０年代から２０１０年代にかけて、年数が延びている傾向が見られるが、平均すると、約20年かかっていることが分かる。２０００年代に入ってからの日本人受賞者の平均年数を見ると、受賞につながる研究成果は、受賞年から約30年前の成果である」

つまり、**現在自然科学分野で受賞されている方たちというのは、20〜30年前の研究成果が評価されているということ**であり、このような人材を生み出したのが、「日本の理系教育」だったとしても、それは現在のものではなく「数十年前の日本」のものなのです。

2位から4位に落ちた日本の研究論文数ランキング

「数十年前の教育でこれだけノーベル賞を出しているのだから、これから数十年先はもっと受賞者が出るに違いない」と喜ぶ人もいるかもしれません。

しかし、客観的に現状を分析してみると、残念ながらノーベル賞受賞者のみなさんが自然科学の研究を志（こころざ）した時代に比べて、**現在の日本の自然科学研究の国際競争力は低下**してしまっています。

トムソン・ロイター社とエルゼビア社は、主要国の自然科学分野での研究者の論文本数をデータベースにしています。それらを見てみると、２０００年ごろから日本の論文数が停滞しており、２００４年の国立大学法人化の数年後から論文が顕著に減少しています。

トムソン・ロイターが物理学、化学、生物学、物質・材料科学、宇宙科学の5部門でまとめた主要7ヵ国を対象に作成した統計によると、１９８２年に同社がデータベースに取り込んだ研究論文は全世界で12万１７３９本。うち米国からの論文が３万３７４４本と最多で、日本は1万２５３４本と第2位につけていました。つまり、この時期は最近のノーベル賞受賞者が研究成果を出したときです。

ところが２０１１年の統計では、トップが米国で7万８２４２本と変わりませんが、７万６６６４本の中国と、３万３５１７本のドイツに追い抜かれて、日本は3万１４８７本と4位にまで下がっているのです。

このような状況から、**これからの20～30年で日本人の自然科学分野の受賞者数は大きく落ち込み、中国人受賞者が増えていくのではないか**と予測をする人たちもいます。

私は日本の自然科学分野の研究がたいしたことがないなどと酷評をしたくて、このような話をしているわけではありません。ノーベル賞を受賞した日本人研究者のみなさんが、人類に貢献するすばらしい研究成果を得られたように、いまこうしている瞬間も、新たな発見をしている日本人研究者が多くいます。

そのような「個人」に対する評価を、「日本」という国家の評価とごちゃまぜにして、国力のかさ上げに利用され、「世界一」をふれまわる根拠とされていることがおかしいといっているのです。

「国威発揚」しても事態が悪化する構造

才能のある「個人」の業績を、「国家」の業績にすりかえて、「国威発揚」で社会のムードを盛り上げることができても、現実には「発揚」どころか「衰退」の道へつながっているということが、よくわかっていただけたのではないでしょうか。

なぜ「衰退」につながるのか、これまで述べてきた理屈(りくつ)でちゃんと説明できます。

日本を元気にするはずの「国威発揚」という手段が、いつの間にか目的化してしまうので、事実を客観的に見ることができません。現状を正しく認識できないので、そこで起きているシステムエラーを見過ごしてしまいます。結果、危機意識のないまま、じわじわと問題が進行していくという悪循環におちいってしまうのです。

この「悪循環」は、日本のスポーツ振興のなかにはっきりとあらわれています。

「個人」の頑張りを、「個人」の成果として正しく評価して、それを「エンターテインメント」として楽しむという文化が生まれれば、日本のスポーツもアメリカのように産業として発展していきます。

しかし、いまの日本では「個人」の頑張りが「国威発揚」につかわれているので、「エンターテインメント」として楽しむ文化が生まれるのを阻んでいるのです。

結果、スポーツはオリンピックやワールドカップなどの「国威発揚」の場でしか盛り上がらないため、マーケットとして成熟しません。ふだんは一部の愛好家が支持するだけなので、競技者もファンも拡大していかないのです。

「国威発揚」の目的化によって、自分たちが置かれている危機的状況を冷静に把握することができなくなる。そして、事態をさらに悪化させてしまうという構造は、「日本礼賛番組」にも通じています。

このような番組を支持する人たちの多くは、「事実を多少大げさにふれまわっていても、『日本がすごい国だ』という情報があふれかえれば、国民や次代を担う子供たちが自分たちの国に誇りをもって日本が元気になる」といいます。

しかし、戦前の「日本礼賛報道」が日本という国の暴走を助長させた歴史を振り返ると、とても楽観視はできません。

「日本礼賛番組」はかつての「愛国報道」の進化形か

また、スポーツが「国威発揚」の道具となったことで子供たちの運動能力が低下しているように、メディアが「国威発揚」の道具になってしまうと、メディア自体が弱体化するだけではなく、日本の未来を担う子供たちがメディアから垂れ流される情報を読み解く力（メディアリテラシー）も急速に低下する恐れがあります。

これは非常に恐ろしいことです。

「日本礼賛番組」のような事実の歪め方を幼いころから見て、それが当たり前になってしまうと、「偏狭なナショナリズム」にとらわれて、つねに物事を自分に都合よく解釈するような人間になってしまいます。このような人間があふれかえった社会を想像してみてください。だれもが、自分たちが「危機的状況」におちいっていることを把握できません。漠然とした「不安」は叫ばれているものの、何かを解決しようにも、何が悪いのかすらもわからない。そして気がつくと、取り返しのつかない事態に――。

そのような意味では、未来を担う子供たちどころか、もうすでにわれわれの「情報を読み解く力」の低下は、かなり深刻なところまできているのかもしれません。

この非常に根深い問題を解決していくには、そもそも「日本礼賛番組」がなぜ生まれてしまったのかというところまで立ちもどって考えていくべきでしょう。

テレビにおける「日本礼賛番組」がここまで増えたのは、たしかに２０１３年ごろからではありますが、じつは同様の現象は何度か起きています。歴史はくり返す、ではありませんが、戦前から２０００年代までの間で、テレビだけでなく、新聞・出版などでも日本を礼賛する「愛国報道」が集中する時期が散見されているのです。

このことから導き出されるのは、**「日本礼賛番組」とは**数年前に生まれた特異なブームではなく、**これまでの「愛国報道」がさらに「進化」した形ではないか**という仮説です。

いや、むしろ「進化」というよりも、これまでの「愛国」をなにかしらの原因によってこじらせてしまい、**より偏狭なナショナリズムを刺激するような形へ「重症化」しているとい**ってもいいかもしれません。

なぜ日本のメディアはここまで「愛国」をこじらせてしまったのでしょうか。

そこで次章からは「日本礼賛番組」のルーツをたどるとともに、現代にいたるまでの「愛国マスコミ」の歴史的経緯をふりかえり、その「病巣」を探っていきたいと思います。

第4章　「愛国」ブームをつくったマスコミの総力戦

テレビの「愛国報道」に影響を与えたＮＨＫ

近年増えている「日本礼賛（らいさん）番組」はなぜ生まれたのでしょうか。このことについては、専門家や有識者などがさまざまな意見を述べていますし、読者のみなさんも自分なりの答えをもっているのではないでしょうか。

私の結論から先に述べましょう。テレビの「愛国」をこじらせた「日本礼賛番組」の出現に、大きな影響を与えたのは以下の３つの要因にあると考えています。

1　ＮＨＫがつくり出した「世界一の〇〇」番組
2　２００７年からはじまった「愛国本」ブーム
3　サッカーワールドカップにおける「日本代表応援キャンペーン」

なるほどとうなずくものもあれば、首を傾げるようなものもあるかもしれませんので、ひとつずつ順を追ってご説明していきましょう。

まず、「日本礼賛番組」のルーツを考えていくうえで、避けて通ることができないのが、

ＮＨＫの存在です。

「日本の文化やすばらしさを外国人に絶賛させる」という、いまでは当たり前になっている番組のフォーマットは、じつはＮＨＫが先駆けだといわれています。

その根拠として指摘されるのが、スタジオに来日まもない外国人を招いて、日本のすばらしさを語ってもらおうという趣旨の『ｃｏｏｌ　ｊａｐａｎ　発掘！　かっこいいニッポン』。これは２００６年４月からレギュラー放映が開始され、現在もつづいている「日本礼賛番組」のパイオニアともいうべき存在です。

日本唯一（ゆいいつ）の公共放送という立場もあって、ＮＨＫは潤沢（じゅんたく）な番組制作費をもち、時間をかけてユニークな番組をつくることができます。そのため、企画を民放が模倣することも珍しくありません。昨今の「日本礼賛番組」ブームにおいても、ＮＨＫが与えた影響はかなり大きなものがあるとみるべきでしょう。

ＮＨＫの番組において「日本礼賛」がどのように扱われ、どのように変化したのかをみていきましょう。

第２章でもふれましたが、ＮＨＫ（東京）で１９５１年から放送した番組とその内容の記録である番組確定表のデータを蓄積した「番組表ヒストリー」というデータベースがあります。図１は、それを使って、「日本」と「世界一」というキーワードがうたわれている番組

図1　NHKの「日本礼賛番組」の推移

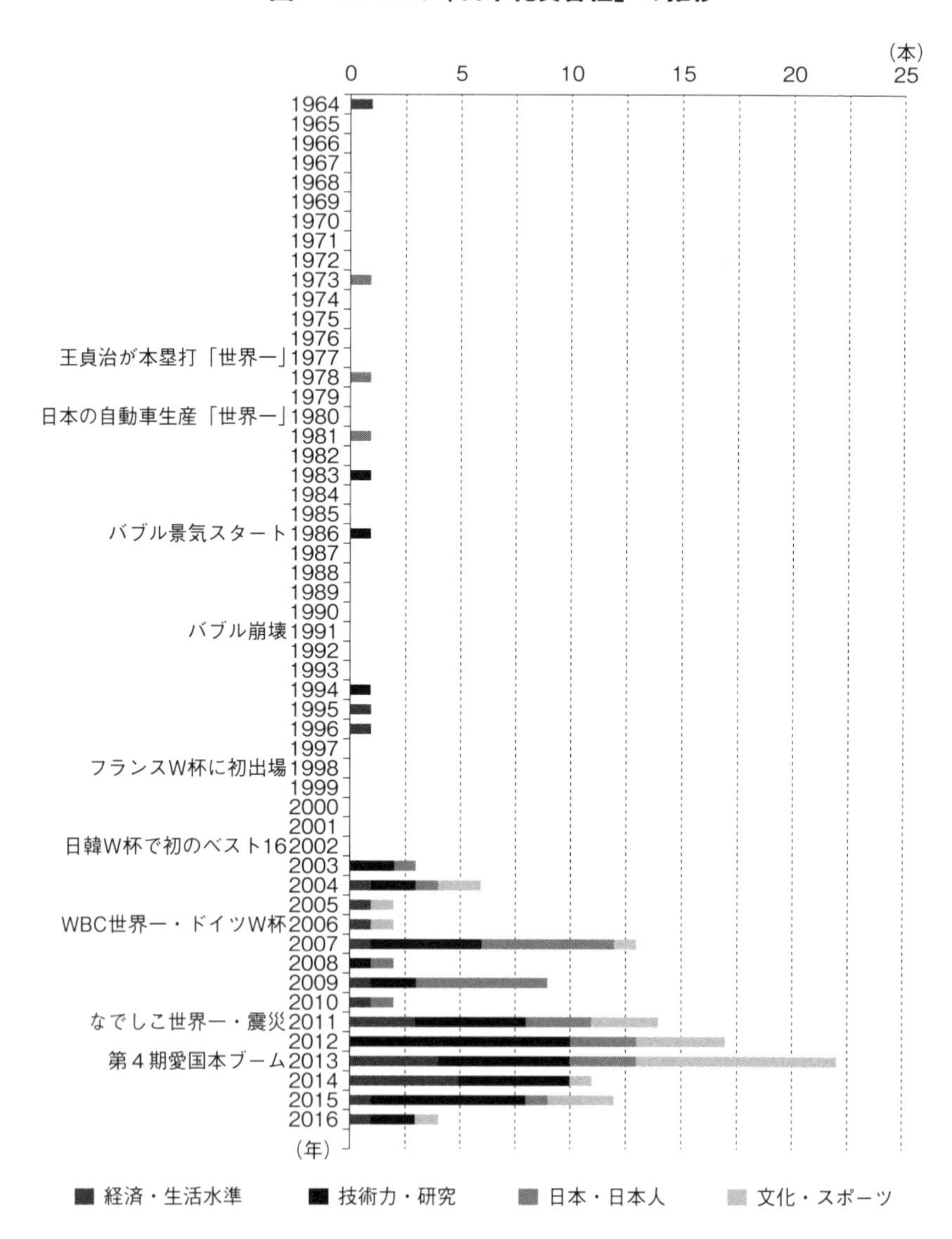

※NHKクロニクル「番組表ヒストリー」データベースで「日本」+「世界一」の番組内容で検索して著者が作成（＊再放送番組は除外）

を抽出し、そのなかで明らかに「日本礼賛」をしているものをグラフ化したものです。
ちなみに、「世界一」だとうたっている対象を「文化・スポーツ」「日本・日本人」「技術力・研究」「経済・生活水準」という４つのカテゴリーに分類しています。

「愛国コンセプト」をつくった２つの番組

このデータを見てみると、２００２年まではほとんどヒットしない「日本礼賛番組」が２００３年ごろから突如出現して、『ｃｏｏｌ ｊａｐａｎ　発掘！　かっこいいニッポン』がＮＨＫで放送されはじめた翌年の２００７年に大きく跳(は)ね上がっていることがわかります。その翌年には一度落ち着きますが、09年からふたたび増加傾向となって２０１３年にピークを迎えています。

これをふまえると、まず気になるのは、**ＮＨＫにおける「日本礼賛元年」ともいえる２００３年**です。なぜこのタイミングで、日本を「世界一」だとうたうような番組が増えたのでしょうか。

当時の「礼賛番組」をみてみると、ほとんどが、社会的にもブームを巻き起こしたドキュメンタリー番組『プロジェクトＸ　挑戦者たち』です。ＮＨＫの「番組ヒストリー」によると、「世界一低い新生児死亡率を誇る日本」「〝世界一停電が少ない〟と言われる日本の首都・東京」といったうたい文句がみられます。

『プロジェクトX』といえば、日本企業や日本人技術者などの奮闘をドラマチックに紹介するという構成ですので、当然、日本の「世界一」を煽りますます。そのような意味では、この人気番組がのちに氾濫する「日本礼賛」の土壌をつくった可能性はかなり高いのではないでしょうか。

『プロジェクトX』は2000年から05年まで放映されていました。この時期につくられた「愛国コンセプト」が2006年からの『ｃｏｏｌ ｊａｐａｎ 発掘！ かっこいいニッポン』へと引き継がれ、やがてそれが民放へも波及していったという流れがあるのは間違いありません。

最近は、ＮＨＫが民放のバラエティ番組を模倣しているというような批判が寄せられていますが、過去を振り返れば、ＮＨＫの番組が民放の番組づくりに影響を与えてきたケースも多く存在しています。

たとえば、先ほどの『プロジェクトX』が注目を集めると、バラエティ番組でパロディがつくられるだけではなく、テレビ東京系の『ガイアの夜明け』『カンブリア宮殿』などもスタート。経済ドキュメンタリーというジャンルが確立されたのはご存じのとおりです。

民放とは比較にならないほど多い番組制作費と、十分な制作期間のなかで企画が練り込まれるＮＨＫの番組は、同じ業界の人間である民放の番組制作者のアイディアにも、大きな影響を与えているのです。

とはいえ、いま巷（ちまた）にあふれている「日本礼賛番組」の源流をすべてＮＨＫだけに求めるのはさすがに無理があります。

ＮＨＫの「日本礼賛番組」が誕生した後、民放から次々と似たような番組があらわれたのはまぎれもない事実ですが、そのように民放の番組制作サイドを「愛国」「日本礼賛」へと走らせるだけの大きな「環境」の変化もあったと考えるべきです。

テレビ番組の「元ネタ」は書籍・雑誌・ウェブ

そこで注目すべきは、「愛国本」です。

一時期よりもだいぶ落ちつきましたが、書店には「日本がすごい」「日本は世界一」「世界に愛される日本」などの日本を称賛するようなタイトルがあふれています。

テレビ番組の企画は当然、ディレクターやプロデューサー、構成作家らがアイディアを絞って考えているものですが、その際、**ベストセラー本やヒット商品、あるいは雑誌の人気企**

画などを「参考」にします。いや、もっとストレートにいってしまうと、「パクる」のです。

出版社やネットニュースなどの内側の話になりますが、編集部にはテレビ番組の制作スタッフからの問い合わせがひっきりなしにあります。「記事をつかわせてください」「著者を紹介してください」「この取材先を教えてください」というものです。

編集者やライターが時間と労力をかけて手に入れた情報を、「テレビなんで……」の一言で自分たちの手柄のように取り上げるというパターンが非常に多いのです。

少し前には、こんなことがありました。フジテレビの『ワイドナショー』という情報バラエティ番組で、スタジオジブリの宮崎駿（みやざきはやお）氏の「引退発言集」をフリップで紹介したのですが、じつはその一部はネット上で個人が冗談で作成したものでした。

テレビの制作現場には、このような外部のコンテンツを「参考」にするカルチャーが蔓延（まんえん）しているのです。

それをふまえると、書店にあふれる「日本礼賛本」が、「日本礼賛番組」の元ネタになっているという可能性は否（いな）めません。事実、両者が世にあらわれるタイミングは微妙に重なっています。

1冊のベストセラーが「愛国」のトレンドをつくった

先ほど「日本礼賛番組」のパイオニアが、『cool japan 発掘！ かっこいいニッポン』だと紹介しましたが、じつは民放におけるパイオニアは別にあります。それがテレビ東京系で2008年より放映されている『和風総本家』です。

この番組には『cool japan』のように外国人はあまり登場しません。その代わりに知っているようで知らない、日本人のマナーや礼儀作法、しきたりなどをクイズ形式で紹介することで、視聴者は「日本のすばらしさ」を再発見するのです。

いまもつづくこの「日本礼賛番組」が生まれる少し前、じつは同じようなコンセプトの「日本礼賛本」が大きな話題になりました。

それが2007年に刊行されたデュラン・れい子氏の『一度も植民地になったことがない日本』（講談社+α新書）です。2015年の報道によると、20万部を超えるヒットとなったこの本のアマゾンの「内容紹介」には以下のようにあります。

「ヨーロッパにおける日本についてのうわさ話、つまり、有名な政治家や大企業の社長や学者が話しているのではなく、街のフツーの人々が日本について話していることをピックアップすると、なんだか日本の本当の姿が見えてくる気がしました」

欧州人の視点から、「日本はアジア・アフリカで一度も植民地になったことがない稀有な国」という事実にあらためて気づかされる。つまり、**外国人の目線で「日本のすばらしさ」を再認識するという趣旨**なのです。この「日本再評価本」が、「日本礼賛番組」に与えた影響は決して小さくないのではないでしょうか。

どのような世界にもあてはまりますが、ヒット商品が出た後に類似の後発品があふれ出すのは出版業界も同じです。２００７年の『一度も植民地になったことがない日本』のヒットをうけ、出版業界では「日本礼賛」「日本再評価」という切り口の本が続々とあらわれます。

「日本礼賛番組」とリンクする「愛国本」

そこで国会図書館のデータベースやアマゾンで、「日本　すごい」「日本　世界一」「日本称賛」「日本　好き」などのキーワードで検索をかけたものを以下に一覧にしてみました。これらの「日本礼賛本」「愛国本」には大きく分けると3つの定番スタイルがあります。

Ａパターン：外国人の著書、もしくは外国人からの評価をもとにしてつくられているもの。
Ｂパターン：海外で長く暮らしている日本人の視点に基づいて、日本文化を再発見するもの。
Ｃパターン：「国際感覚」があると読者に対して説得力のあるプロフィールやバックボーンを有する日本人著者が、日本のすばらしさを説くもの。

以下の一覧では、傾向がわかりやすいよう、この３つに分類しておきました。
ちなみに、これも先の「日本礼賛番組」と同様に、著者や出版社からすると、「われわれの本は１００％日本を礼賛しているわけではなく、なかには日本文化批評や日本に対してやや批判的な箇所もある」という反論もあると思いますが、あくまで「日本礼賛」を連想させるタイトルに着目して抽出したものだということをお断りしておきます。

◆２００６年　１点

Ｃ『クール・ジャパン　世界が買いたがる日本』（杉山知之、祥伝社）

◆２００７年　３点

A『日本は世界で一番夢も希望もある国です！』（金美齢、ＰＨＰ研究所）

B『一度も植民地になったことがない日本』（デュラン・れい子、講談社）

C『こんなにすごい日本人のちから　だから、日本の未来は明るい！』（日下公人、ワック）

◆２００８年　３点

A『私は日本のここが好き！　外国人54人が語る』（加藤恭子編、出窓社）

『世界を股にかけた凄い日本人がいた！　私たちより外国人のほうが、よく知っている?!』（博学こだわり倶楽部編、河出書房新社）

『ニッポンの評判　世界17カ国最新レポート』（今井佐緒里編、新潮社）

◆２００９年　１点

A『外国人から見たニッポン』（岸周吾、ディスカヴァー・トゥエンティワン）

◆２０１０年　５点

A『続　私は日本のここが好き！　外国人43人が深く語る』（加藤恭子編、出窓社）

C『日本はなぜ世界でいちばん人気があるのか』（竹田恒泰、PHP研究所）
『世界が絶賛する「メイド・バイ・ジャパン」』（川口盛之助、SBクリエイティブ）
『世界が大切にするニッポン工場力』（根岸康雄、ディスカヴァー・トゥエンティワン）
『ニッポンの大発明　歴史を変えたメイド・イン・ジャパン』（日本の発明研究会編著、辰巳出版）

◆２０１１年　６点

A『世界が感嘆する日本人　海外メディアが報じた大震災後のニッポン』（別冊宝島編集部編、宝島社）
『私は日本のここが好き！　特別版　親愛なる日本の友へ』（加藤恭子編、出窓社）
『魏志倭人伝、ドラッカーも！　２０００年前から外国が絶賛　日本人はなぜ世界から尊敬され続けるのか』（黄文雄、徳間書店）
『日本人だけが知らない　世界から絶賛される日本人』（黄文雄、徳間書店）
『私は、いかにして「日本信徒」となったか』（呉善花、ワック）
C『図解　世界に誇る日本のすごいチカラ　技術、発明、文化、自然、人――ここに〝自信〟あり！』（インタービジョン21、三笠書房）

◆2012年　6点

A『日本人が世界に誇れる33のこと』（ルース・ジャーマン・白石、あさ出版）

『愛される国　日本　外交官に託された親日国からのメッセージを今すべての国民に贈る』（日本戦略研究フォーラム編、ワニブックス）

『日本人こそ知っておくべき世界を号泣させた日本人』（黄文雄、徳間書店）

B『世界が憧れる日本人という生き方』（マックス桐島、日本文芸社）

C『日本人こそ見直したい、世界が恋する日本の美徳』（永田公彦、ディスカヴァー・トゥエンティワン）

『ニッポンの「世界Ｎｏ．１」企業』（日経産業新聞編、日本経済新聞出版社）

◆2013年　11点

A『ＮＨＫ「ＣＯＯＬ　ＪＡＰＡＮ」かっこいいニッポン再発見』（堤和彦、ＮＨＫ出版）

『日本人の道徳力』（黄文雄、扶桑社）

『日本はなぜアジアの国々から愛されるのか』（池間哲郎、扶桑社）

『日本が戦ってくれて感謝しています　アジアが賞賛する日本とあの戦争』（井上和彦、産

経新聞出版）
『イスラムの人はなぜ日本を尊敬するのか』（宮田律、新潮社）
B『住んでみたドイツ　8勝２敗で日本の勝ち』（川口マーン恵美、講談社）
C『世界一すごい！　日本の鉄道』（宝島社）
『世界史の中の日本　本当は何がすごいのか』（田中英道、扶桑社）
『日本の文化　本当は何がすごいのか』（田中英道、扶桑社）
『世界の奇跡ニッポン！』（大川半左衛門、文芸社）
『ねずさんの　昔も今もすごいぞ日本人！』（小名木善行、彩雲出版）

◆２０１４年　22点
A『やっぱりすごいよ、日本人　世界の常識は日本人の非常識』（ルース・ジャーマン・白石、あさ出版）
『イギリスから見れば日本は桃源郷に一番近い国』（信夫梨花、主婦の友インフォス情報社）
『だから日本は世界から尊敬される』（マンリオ・カデロ、小学館）
『日本は外国人にどう見られていたか　来日外国人による「ニッポン仰天観察記」』（「ニッポン再発見」倶楽部、三笠書房）

『世界が憧れる　天皇のいる日本』（黄文雄、徳間書店）
『日本人だけが知らない　世界から絶賛される日本人』（黄文雄、徳間書店）
『今こそ知っておきたい　世界を「あっ！」と言わせた日本人』（黄文雄、海竜社）
『日本に住む英国人がイギリスに戻らない本当の理由』（井形慶子、ベストセラーズ）
『なぜ世界の人々は「日本の心」に惹かれるのか』（呉善花、ＰＨＰ研究所）
『外国人だけが知っている美しい日本　スイス人の私が愛する人と街と自然』（ステファン・シャウエッカー、大和書房）
『日本人になりたいヨーロッパ人　ヨーロッパ27カ国から見た日本人』（片野優／須貝典子共著、宝島社）
『聖なる国、日本　欧米人が憧れた日本人の精神性』（エハン・デラヴィ、かざひの文庫）
『実は日本人が大好きなロシア人』（田中健之、宝島社）
『テキサス親父の熱血講座　日本は世界一だ！宣言』（テキサス親父、扶桑社）
『イギリス、日本、フランス、アメリカ、全部住んでみた私の結論。日本が一番暮らしやすい国でした。』（オティエ由美子、泰文堂）
B
『住んでみたヨーロッパ　9勝1敗で日本の勝ち』（川口マーン惠美、講談社）
『イギリスに住んで確信！　日本はイギリスより50年進んでいる』（信夫梨花、主婦の友社）

C『日本のアニメは何がすごいのか　世界が惹かれた理由』（津堅信之、祥伝社）
『ねずさんの　昔も今もすごいぞ日本人！　第二巻：「和」と「結い」の心と対等意識』（小名木善行、彩雲出版）
『ねずさんの　昔も今もすごいぞ日本人！　第三巻：日本はなぜ戦ったのか』（小名木善行、彩雲出版）
『世界が見た日本人　もっと自信を持っていい理由』（布施克彦／大賀敏子共著、日本経済新聞出版社）
『日本発！　世界のヒット商品』（毎日新聞経済部編、毎日新聞社）

◆2015年　19点

A『ドイツ大使も納得した、日本が世界で愛される理由』（フォルカー・シュタンツェル、幻冬舎）
『クール・ジャパン!?　外国人が見たニッポン』（鴻上尚史、講談社）
『日本が戦ってくれて感謝しています2　あの戦争で日本人が尊敬された理由』（井上和彦、産経新聞出版）
『英国人記者が見た　世界に比類なき日本文化』（ヘンリー・S・ストークス／加瀬英明共著、

祥伝社）
『日本嫌いのアメリカ人がたった7日間で日本を大好きになった理由』（マックス桐島、実務教育出版）
『世界はこれほど日本が好き　No．1親日国・ポーランドが教えてくれた「美しい日本人」』（河添恵子、祥伝社）
『世界が日本に夢中なワケ』（ボビー・ジュード、宝島社）
『世界が感謝！「日本のもの」「レトルト食品」「乾電池」から「iPS細胞」「地雷除去機」まで――人気の理由』（「ニッポン再発見」倶楽部、三笠書房）
『本当は日本が大好きな中国人』（福島香織、朝日新聞出版）
『知日　なぜ中国人は、日本が好きなのか！』（毛丹青／蘇静／馬仕睿共著、潮出版社）
『在日中国人33人の　それでも私たちが日本を好きな理由』（趙海成、CCCメディアハウス）
『日本が大好きでたまらない中国人』（訪日中国人を研究する会、宝島社）
『なぜ中国人は日本のトイレの虜になるのか？「ニッポン大好き」の秘密を解く』（中島恵、中央公論新社）
『イギリス人アナリストだからわかった日本の「強み」「弱み」』（デービッド・アトキンソン、講談社）

B『あの国以外、世界は親日！ 主要国を歴任した元外交官による「新・日本論」』（平林博、ワニブックス）
『台湾で暮らしてわかった律儀で勤勉な「本当の日本」』（光瀬憲子、実業之日本社）
『なぜ日本人は、一瞬でおつりの計算ができるのか』（川口マーン惠美、ＰＨＰ研究所）
C『教室の感動を実況中継！ 先生、日本ってすごいね』（服部剛、高木書房）
『世界に冠たる中小企業』（黒崎誠、講談社）

◆２０１６年 24点
A『なぜ「日本人がブランド価値」なのか 世界の人々が日本に憧れる本当の理由』（呉善花、光明思想社）
『ＪＡＰＡＮ 外国人が感嘆した！ 世界が憧れるニッポン』（Amazing Japan Researchers、宝島社）
『ＪＡＰＡＮ 外国人が感動した！ すごいニッポン』（Amazing Japan Researchers、宝島社）
『日本人が知らない 世界中から愛される日本＝Japan loved throughout the world.』（井沢元彦、宝島社）

『世界に愛され、評価される！「日本の名著」』（「ニッポン再発見」倶楽部、三笠書房）
『世界が称賛する　日本人が知らない日本』（伊勢雅臣、扶桑社）
『世界が憧れた日本人の生き方　日本を見初めた外国人36人の言葉』（天野瀬捺、ディスカヴァー・トゥエンティワン）
『世界が称賛する国際派日本人』（伊勢雅臣、扶桑社）
『日本人が気付かない　世界一素晴らしい国・日本』（ケビン・Ｍ・ドーク、ワック）
『世界で一番　他人にやさしい国・日本』（マンリオ・カデロ／加瀬英明共著、祥伝社）
『世界から好かれている国・日本　地球を40周まわって気付いたこと』（黄文雄、ワック）
『世界はなぜ最後には中国・韓国に呆れ日本に憧れるのか　二〇〇〇年前から外国人が見て驚いた日中韓の違い』（黄文雄、徳間書店）
『ハーバードでいちばん人気の国・日本』（佐藤智恵、ＰＨＰ研究所）
『世界が称賛！「すごい日本人」　もっと知りたい！　こんなにもいる「代表的日本人」』（「ニッポン再発見」倶楽部、三笠書房）
『「あの国」はなぜ、日本が好きなのか　歴史秘話…そして彼らは「親日国」になった！』（「ニッポン再発見」倶楽部、三笠書房）
『世界が絶賛する日本』（Japan's best 編集部、ベストセラーズ）

B『日本人の「あたりまえ」に世界が感動するその理由』（マックス桐島、実務教育出版）
『イギリス、日本、フランス、アメリカ、全部住んでみた私の結論。どこに行っても日本は大人気！』（オティエ由美子、泰文堂）

C『江戸はスゴイ　世界一幸せな人びとの浮世ぐらし』（堀口茉純、ＰＨＰ研究所）
『日本人も知らなかった日本の国力』（川口盛之助、ディスカヴァー・トゥエンティワン）
『いま誇るべき日本人の精神』（加瀬英明、ベストセラーズ）
『日本経済の「質」はなぜ世界最高なのか　国連の超ＧＤＰ指標が教える真の豊かさ』（福島清彦、ＰＨＰ研究所）
『財務省と大新聞が隠す本当は世界一の日本経済』（上念司、講談社）
『世界一自由で差別のない国・日本』（武田知弘、ベストセラーズ）

◆２０１７年６月時点　６点

A『日本の建築家はなぜ世界で愛されるのか』（五十嵐太郎、ＰＨＰ研究所）
『日本が果たした人類史に輝く大革命　「白人の惑星」から「人種平等の惑星」へ』（ヘンリー・Ｓ・ストークス／植田剛彦共著、自由社）
『ＪＡＰＡＮ　外国人が何度も訪れたいニッポンの秘密』（Amazing Japan Researchers、宝

島社）

『世界が称賛する日本の経営』（伊勢雅臣、扶桑社）

C『ここが凄い！　日本の鉄道　安全・正確・先進性に見る「世界一」』（青田孝、交通新聞社）

『なぜ日本だけがこの理不尽な世界で勝者になれるのか』（髙橋洋一、ＫＡＤＯＫＡＷＡ）

いかがでしょうか。少し前まで「自虐史観」などという言葉があったとは思えぬほどの「愛国史観」が書店ではあふれかえっているという印象を受けます。

注目すべきは、これらの「愛国本」がつくりだしている大きな流れです。これは日本で出版された「日本礼賛本」のすべてを網羅しているわけではありませんが、大まかな「トレンド」をつかむうえでは十分でしょう。

２００７年ごろからポツポツとあらわれてきた「日本礼賛本」は２０１０～12年ごろになると増加傾向になり、２０１３年に一気にふくれあがっています。そして、２０１４～16年はまさしく「ブーム」というくらいの勢いになっているという大きな流れが浮かび上がってきますが、じつはこの動きとまったく同じような動きをしているのが、「日本礼賛番組」なのです。

郵便はがき

切手をお貼りください。

102-0071

東京都千代田区富士見
一—二—十一
KAWADAフラッツ一階

さくら舎 行

住所	〒　　都道府県		
フリガナ		年齢	歳
氏名		性別	男　女
TEL	(　　)		
E-Mail			

愛読者カード

ご購読ありがとうございました。今後の参考とさせていただきますので、ご協力をお願いいたします。また、新刊案内等をお送りさせていただくことがあります。

【1】本のタイトルをお書きください。

【2】この本を何でお知りになりましたか。

1.書店で実物を見て　2.新聞広告（　　　　新聞）

3.書評で（　　　）　4.図書館・図書室で　5.人にすすめられて

6.インターネット　7.その他（　　　）

【3】お買い求めになった理由をお聞かせください。

1.タイトルにひかれて　2.テーマやジャンルに興味があるので

3.著者が好きだから　4.カバーデザインがよかったから

5.その他（　　　）

【4】お買い求めの店名を教えてください。

【5】本書についてのご意見、ご感想をお聞かせください。

●ご記入のご感想を、広告等、本のPRに使わせていただいてもよろしいですか。
□に✓をご記入ください。　□ 実名で可　□ 匿名で可　□ 不可

出版とテレビがつくりあげた「日本礼賛マーケット」

先ほど述べたように、「日本礼賛番組」のパイオニアは２００６年にはじまった『ｃｏｏｌ ｊａｐａｎ　発掘！　かっこいいニッポン』であり、民放におけるパイオニアは２００８年よりはじまった『和風総本家』です。

これらの番組が視聴率を上げていくにつれ、２０１０年ごろからほかのテレビ局でも制作されていくようになり、一気に「ブーム」になったのは２０１３年ごろからなのです。ちなみに、以下がおもな「日本礼賛番組」の放映開始時期です。

◆２００９年
『たけしのニッポンのミカタ！』（毎週金曜22時〜、テレビ東京系）

◆２０１１年
『なんでもワールドランキング　ネプ＆イモトの世界番付』（日本テレビ系、２０１６年３月終了）

◆2012年
『世界ナゼそこに？　日本人知られざる波瀾万丈伝』（毎週月曜21時～、テレビ東京系）

◆2013年
『Youは何しに日本へ？』（毎週月曜18時55分～、テレビ東京系）
『世界の日本人妻は見た！』（毎週火曜19時56分～、TBS系　2017年9月終了）
『ぶっこみジャパニーズ』（特番、TBS系）

◆2014年
『世界が驚いたニッポン！　スゴ～イデスネ!!　視察団』（毎週土曜18時56分～、テレビ朝日系）
『所さんのニッポンの出番』（TBS系、2016年9月終了）

◆2016年
『世界！　ニッポン行きたい人応援団』（毎週木曜19時58分～、テレビ東京系）

こうして見ると、「日本礼賛本」が世にあふれていくのとまるで歩調を合わせるかのように、「日本礼賛番組」があふれかえっているのは明らかです。ここから導き出されるのは、**この両者によって「日本礼賛」をうちだすコンテンツを定着させた「日本礼賛マーケット」がつくりだされた**、という仮説でしょう。

先に述べたように、テレビ番組の企画は世でヒットしている書籍や雑誌、ウェブ記事などを「参考」にしてつくられます。２００７年ごろからあらわれた「日本礼賛本」がヒットしたことをうけて、同じように「数字」を求められるテレビの制作現場が売れるコンテンツを「参考」にした番組を世に送り出す。そうしてできあがった「日本礼賛番組」がオンエアされることで、今度はそれを見た出版業界側も新たな切り口の「日本礼賛本」「愛国本」をつくりだしていく。すると、それを「参考」にまた「日本礼賛番組」がつくられていく……。

このようなキャッチボールともいうべきやりとりをつづけていくなかで、２０１０年ごろから「日本礼賛マーケット」が形成されて、それが一気に市場として成熟したのが、２０１３～14年あたりなのではないでしょうか。

テレビと出版によって「日本礼賛マーケット」がつくられたとすると、なぜ２０１７年になってから「日本礼賛本」の勢いが落ち、テレビでも２０１６年に『世界番付』や『所さんのニッポンの出番』という「日本礼賛番組」が終了を迎えているのかも説明がつきます。

一言でいえば、市場の飽和による「反動減」です。

出版ビジネスでは、なにかベストセラーが出るとその著者に続編を書いてもらうのはもちろんですが、ベストセラーによって注目を集めた「ジャンル」の類似本が雨後のタケノコのように登場します。書店には似たような本があふれ、ジャンル全体が大いににぎわうのですが、しばらくするとあまりに同一コンテンツが氾濫することで、消費者に「飽き」がきます。

そうなると、「揺り返し」でブームが沈静化します。あれほどあふれかえっていた類似本の数もガクンと減って、本来そのジャンルを支持している層の数に落ち着くというわけです。

空前の「愛国本ブーム」到来

先述のとおり、2007年の『一度も植民地になったことがない日本』が20万部を突破したことをきっかけに、出版業界では「外国人が指摘する日本の魅力」というジャンルを開拓しようという試みがはじまります。そのようなコンセプトがじわじわと増えました。

それを一気に拡大させたのが、毎日新聞（2015年2月25日）が47万部のヒットで「日本礼賛本ブーム」の『火付け役』の一つ」として報じている、『日本はなぜ世界でいちばん人気があるのか』（竹田恒泰、PHP研究所）。明治天皇の玄孫という立場の人が、「日本が外国人から大絶賛されている」ことを説くこの本は２０１０年12月に出版され、同コンセプトの続編も含めてシリーズ全3冊は累計で81万部（当時）まで売れたといいます。

そこへさらに「海外で暮らしている日本人目線」本が出てきます。２０１３年の『住んでみたドイツ　8勝2敗で日本の勝ち』（川口マーン惠美、講談社+α新書）です。

こうして、「日本にやってきた外国人自身が語る」「海外で暮らす日本人だからわかった」「世界からこれだけ愛されている」という現在も主流となっている3パターンのうたい文句が出揃って、２０１３〜16年の空前の「日本礼賛本ブーム」ができあがったというわけです。

ブームに勢いが出れば当然、その「反動」としてそれを否定・批判する人々があらわれます。２０１４年には作家の石田衣良氏が、小説の世界が「右傾エンターテインメント」化していると指摘（NEWSポストセブン、２０１４年1月3日）するなど、いきすぎた「日本礼賛」を揶揄する「愛国ポルノ」という言葉も頻出し、その勢いにブレーキがかかっていくのです。

その後の「揺り返し」で、２０１７年に入ってから出版点数が落ちました。一定のファンは存在しますが、かつてほどの勢いはなくなります。

いずれにせよ、「日本礼賛番組」「日本礼賛本」「愛国本」がこの数年で増えたのは、キャッチボールのようにこのコンテンツを取り上げて、「日本礼賛マーケット」ともいうべきものをつくりだしていった結果だということがわかると思いますが、そこでもうひとつ忘れてはいけない大きな要因があります。

それは「社会ムード」です。

サッカー日本代表の応援がかき立てた「愛国心」

先ほどの毎日新聞の記事では、『日本はなぜ世界でいちばん人気があるのか』の担当編集者である藤岡岳哉氏がヒットの背景を、「当時、正面切って自国を褒める本はほとんどなかった。自国を褒めていいというメッセージが読者に待ち望まれていた」と分析していますが、一方で非常に興味深い証言をしています。

「出版の3カ月後、東日本大震災が発生。整然と助け合う日本人の姿が世界から称賛を浴びた」「『日本は素晴らしい』と口に出す人が増え、部数は大きく伸びた」

東日本大震災という大きな悲劇が報じられる一方で、被災地で助け合う姿や、避難所などで犯罪が少ないといった日本人の美徳、日本社会の規律の正しさが、新聞やテレビのニュースでくり返し報じられました。そのような「日本礼賛報道」の影響を受け、「日本礼賛本」を求める人が増えたというのです。

このように「日本礼賛マーケット」が熟成していく背景に、「日本人の誇り」や「愛国心」

が大きな役割を果たすという事実をふまえると、そもそも「日本礼賛本」のブームがはじまり、ＮＨＫの「日本礼賛番組」の件数が大きく跳ねあがった「２００７年」というタイミングにも注目しなくてはいけません。

そこで浮かび上がるのが、「サッカー日本代表」の影響です。

じつは**２００７年の前年の６月には、多くの日本人のナショナリズムを強烈に刺激したサッカーワールドカップ・ドイツ大会がありました。**

前回の２００２年の日韓大会で初のベスト16に入ったことを受けて、日本のサッカーワールドカップ予選は大いに盛り上がっていました。日本のファンにもなじみが深い「サッカーの神様」と呼ばれるジーコ氏が監督に就任し、代表選手も中田英寿氏をはじめ、川口能活選手、中村俊輔選手など長く日本代表として活躍してきたスター揃いで、ファンはもちろん日本中が注目。

参加国のなかで予選突破一番乗りを決めると、前回のベスト16を超える好成績が期待できるということで大いに盛り上がりました。

残念ながら本戦グループリーグは敗退しましたが、この**サッカーを介した「国威発揚」が、その直後から登場した「日本礼賛本」や「日本礼賛番組」に結びついた**ことは容易に想像できます。

サッカーとナショナリズムの親和性

実際、「嫌韓」や「ネット右翼」と呼ばれる**ナショナリズムを標榜する人々があらわれてきたのは、このドイツ大会の前の、2002年のW杯日韓大会**であるという指摘があります。

たとえば、ジャーナリストの安田浩一氏は著書『ネットと愛国　在特会の「闇」を追いかけて』（講談社、2012年）のなかで、排外主義が指摘されている「在日特権を許さない市民の会」（在特会）のメンバーに取材をした結果、これらの「ネット右翼」といわれる人たちのほとんどが、2002年のW杯をきっかけに「真実」を知り「嫌韓」となった、と振り返っているとしています。

また、同様にネットの「愛国」事情にくわしい政治評論家の古谷経衡氏も、『ネット右翼の逆襲　「嫌韓」思想と新保守論』（総和社、2013年）のなかで、「ネット右翼」の発生はやはり2002年のW杯がきっかけだったことは「確定的」だと結論づけています。

実際、先ほどの図1のNHKの「日本礼賛番組」を調べたグラフにおいても、2002年までは「世界一」をうたうような番組はほぼ皆無だったにもかかわらず、2003年から突如あらわれています。日韓大会で初めてベスト16に入ったことで刺激された「愛国心」や「自国への誇り」という社会のムードが、公共放送であるＮＨＫの番組づくりのスタンスに少なからず影響を与えたということは十分にありえます。

サッカー人気でナショナリズムが台頭するなんて、そんな馬鹿な話があるかという人もいらっしゃるでしょうが、世界を見渡せば、これはなにも特別驚くような話ではありません。サッカーとナショナリズムが連動していると思われるケースは枚挙にいとまがないからです。

たとえば、80年代には、いわゆる「ネオナチ」といわれる右派排外主義者たちが、イギリスやドイツでオルグ（宣伝・勧誘活動）の中心としていたのがサッカースタジアムだったというのは有名な話です。また、ユーゴスラビアの内戦と分裂(ぶんれつ)は、スタジアムでのフーリガン同士の衝突が導火線となったことも知られています。

２０１０年から２０１２年にかけてアラブ各国でおきた大規模反政府運動「アラブの春」のなかで勃発(ぼっぱつ)したエジプト革命も、首都カイロの名門サッカーチームのサポーターの衝突が発端だったといわれており、ゆえにこの革命は「ウルトラスの革命」（ウルトラスは熱狂的なサッカーのサポーターの意）とも呼ばれています。

２０１３年にトルコのイスタンブールで、反エルドアン首相を訴える大規模なデモやオキュパイ（街頭占拠）が起きていますが、これを主導したのもサッカーサポーターでした。

サッカーという「擬似戦争」に熱狂する人たちが、ナショナリズムに傾倒しやすく、イデオロギーの衝突に身を投じやすくなるのは、歴史が証明しているのです。

高視聴率をとるキラーコンテンツ「サッカー日本代表」

もちろん、だからといって、日本の排外主義の台頭（たいとう）の原因をすべて「サッカー」に求めるのも乱暴ではないかという意見もあります。

社会学者の樋口直人（ひぐちなおと）氏は、その著書『日本型排外主義　在特会・外国人参政権・東アジア地政学』（名古屋大学出版会、2014年）のなかで、在特会をはじめとしたいわゆる「右派市民グループ」のメンバーに対して、詳細な聞き取り調査をおこなったところ、「ネット右翼」と呼ばれる人たちが、2002年W杯を機に増えてきたという見方を否定しています。

たしかに、すべてのルーツが2002年W杯にあるとしたら、「日本礼賛本」や民放の「日本礼賛番組」も2003年あたりから増えていなければいけませんが、現実はそうはなっておらず、それから4年を経たドイツ大会の後になっています。海外の例をみると、サッカーに対する熱狂とナショナリズムの台頭は明らかに因果関係があるように連動をしていますが、日本の場合はかなりの「タイムラグ」があるのです。

では、なぜ2002年の日韓大会ではなく、2006年のドイツ大会後に「日本礼賛本」

や「日本礼賛番組」が目に見えて増えたのでしょうか。

さまざまな意見はあるでしょうが、私としてはこの「タイムラグ」の背景には、サッカーワールドカップを放送するテレビ局側の事情があると考えています。

サッカーファンからすれば常識ですが、ワールドカップは１９９８年のフランス大会までＮＨＫが独占放送権を獲得していて、民放ではダイジェストしか見ることができませんでした。それが現在のように、民放でも大騒ぎをしてサッカー中継をするようになったのは、２００２年の日本・韓国共催の大会からです。

このときから、ワールドカップの試合の放映には一部、ジャパンコンソーシアム（ＪＣ）というＮＨＫと民放各社が垣根を超えて共同制作する放送機構がくわわるようになったのです。

また、このとき**フジテレビが放送した日本・ロシア戦の視聴率は66％を超えて、いまもサッカー中継の過去最高値**となっています。

ＮＨＫと違って、視聴率がビジネスに直結する民放にとって、この高い数字のビジネス・インパクトはすさまじいものがありました。日本の民放にとって、２００２年というのは、**サッカー日本代表の試合はプロ野球の中継を軽く抜き去る「キラーコンテンツ」**だということに身をもって気づいた「元年」なのです。

戦前を思わせる「絶対に負けられない戦い」

そんな熱狂の2002年を終えた民放各社は、4年後のドイツ大会へ向け、サッカー日本代表を、各局総力をあげて盛り上げていきます。

その典型が、2003年11月のアジア予選がはじまった直後に、テレビ朝日がはじめた「日本サッカー応援宣言」というキャンペーンです。サッカー番組が立ち上がるとともに、いまも日本代表の試合などでは必ずくり返されるこんなスローガンができたのもこの時期です。

「絶対に負けられない戦いが、そこにはある」

1998年に初出場して、2002年はベスト16だったのだから当然、2006年はベスト8に入れるはず。そんな国民の期待を煽って、**「日本代表」は世界に通じる力をもっていて、その力さえ発揮できれば世界を狙える、といった「戦意高揚」をおこなった**のです。

このスローガン、冷静に考えてみると、戦時中によく掲げられた「撃ちてし止まむ」などのスローガンとそっくりではないでしょうか。

なぜこうなってしまうのかというと、先述した、テレビがロシアとウクライナの対立を煽ったケースからもわかるように、「戦いを煽動する」ことがテレビ本来の役目だからです。

スポーツの対戦から討論やスキャンダルまで、テレビは「ケンカ」を煽って人々を熱狂させることが妙にフィットしてしまうのです。

もちろん、これはテレビ朝日だけではありません。ほかの民放各局はもちろん、ＮＨＫや新聞、スポーツ紙、ありとあらゆるマスコミが、「サッカー日本代表を応援します」と宣言して、「戦意高揚」に力を注いでいました。

そんな国民の期待に応えるように、ジーコジャパンは、予選を順調に突破して、開催国ドイツ以外で世界最速で本戦にエントリー。**このような「サッカーナショナリズム」の盛り上がりのピークが２００６年だった**のです。

このような社会ムードを敏感に感じ取った出版業界や、情報バラエティ番組の制作者たちが、日本のすばらしさを褒め称えるような企画へと流されていったのは、自然の流れではないでしょうか。

つまり、２００６年以後「日本礼賛番組」や「日本礼賛本」が多く出現している背景には、次のような影響が考えられるのです。

２００２年の日韓大会後に、サッカー日本代表こそが「数字」をもっているスターであると認識したテレビ局やマスコミ各社は、２００４年あたりからその価値を吊り上げていくために、親善試合やワールドカップ予選トーナメントのたびに「戦意高揚キャンペーン」をお

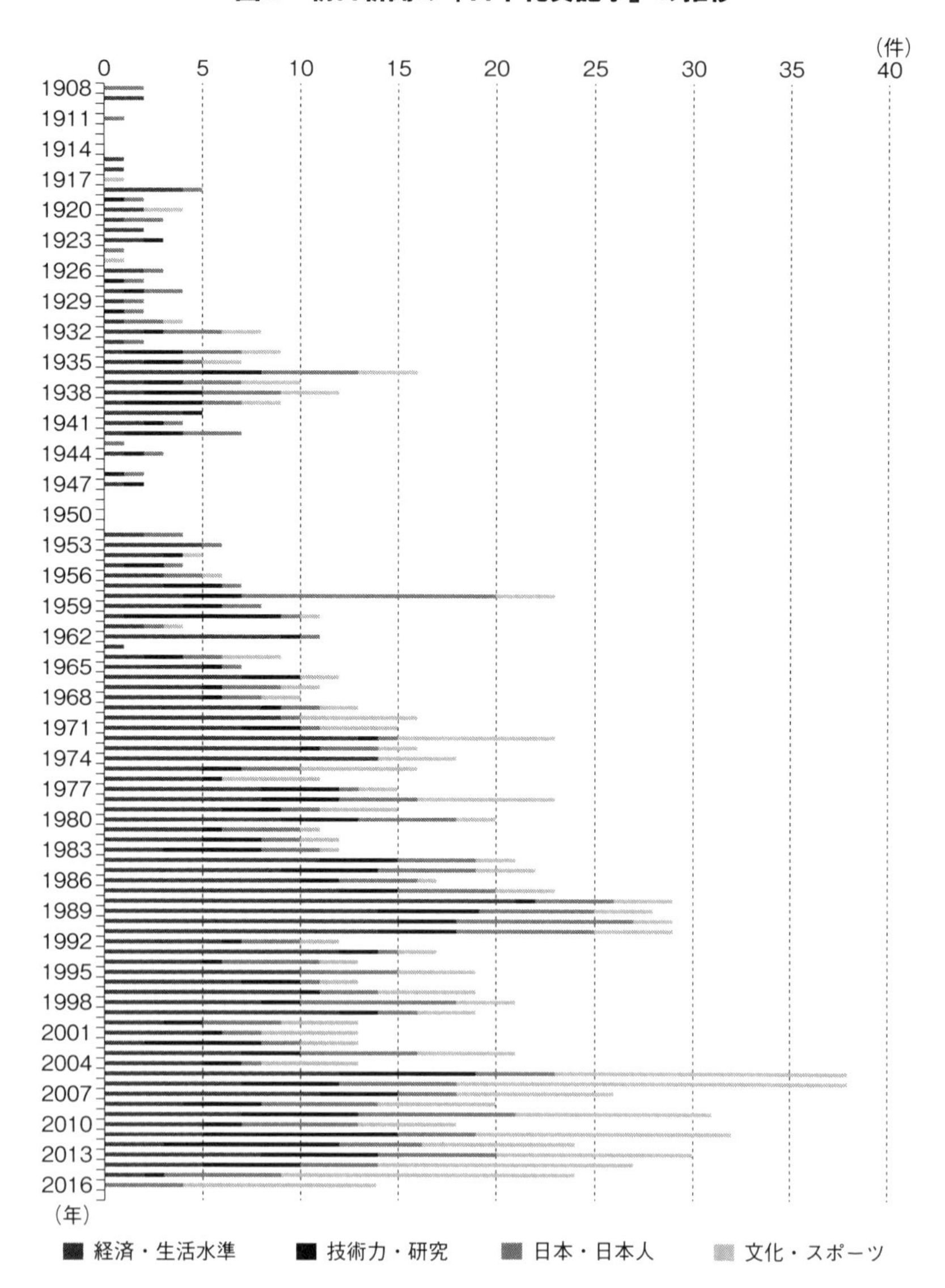

※朝日新聞記事データベースで「世界一」が見出しになっている東京本社の記事を検索し、日本や日本人、日本企業に関するものを抽出して著者が作成

こなってきた――。

新聞の見出しから読み解けるトレンド

そこにくわえて、このように「愛国」のムーブメントが高まっていく背中を押したもうひとつ別の要素があります。それは、大手新聞社による「日本礼賛報道」の影響です。

図2をご覧ください。これは朝日新聞の戦前からの記事の見出しに「世界一」という文言がつかわれた記事、すなわち「日本礼賛記事」をグラフにしたものです。

それぞれの件数自体は大きな数ではありませんが、件数の多い少ないよりも重要なのは、それぞれのタイミングに「愛国」ワードが「見出し」を飾っているということの意味です。

序章でも述べたように、新聞記事の見出しは、記者がつくるものではなく、整理部がつくります。整理部とは、デスク（取材記事の責任者）から送られてきた原稿の価値を判断し、見出しをつけて、レイアウトをする部署です。

どんなにすばらしい原稿であっても、見出しがよくなければ読まれません。ゆえに、新聞の世界で整理部は「料理人」にたとえられ、「原稿を生かすも殺すも整理部次第」なんてこともいわれます。スポーツ紙などの場合、見出しによって売れ行きが左右されることもあり、非常に重要な役割なのです。

そう聞くと、**「見出し」のなかに「世界一」という文言がつかわれていることの重要さが**おわかりいただけるのではないでしょうか。原稿の中に「世界一」という文言が多くつかわれているから「見出し」にしようというような機械的なものではなく、整理部が一人でも多くの人に読ませるために選んでつかっているのです。

整理部は原稿の「価値」をどのように判断するのかというと、読者に知りたいという欲求があるか、そして社会的に意義があるか、という点でみています。

もし日本を礼賛するような原稿が記者から送られたとしても、そうした社会的背景がなければ、見出しに「世界一」はつけられません。

裏を返せば、このような見出しができているということは、**「ニュースの料理人」たちが、「日本礼賛」は、社会的に意義があり、読みたいと思う読者が多くいると判断した、**ということでもあるのです。

新聞の「見出し」は、その新聞が社会と読者をどうとらえているのかが読み取れる、いわば「論調のバロメーター」ともいうべきものなのです。

朝日の愛国トレンドがピークになった年

さて、それをふまえてこのグラフを見ていきましょう。

まず気がつくのは、「反日」などと批判される**朝日新聞においても、戦前から戦後にかけて「愛国報道」が集中的になされている「波」がある**ことでしょう。つまり、「日本礼賛本」や「日本礼賛番組」がブームのように盛り上がっているのと同じように、１３０年以上の歴史をほこる朝日新聞においても、「日本礼賛」がトレンドとして確認されるのです。

その「愛国トレンド」をふりかえると、最初の「波」は１９３６〜38（昭和11〜13）年です。この時期は国家総動員法ができて、日本全体が一丸となって戦争へ突入していくムードがたちこめていたので、このような論調が増えるのは理解できます。１９５８年も大きく跳ね上がっていますが、これは日本のさまざまな「世界一」を紹介する短期連載があったためです。

その後、高度経済成長期も終わりを迎えようという１９７０年代前半に「波」がきて、バブルまっただ中の１９８０年代後半に、世相を反映するように「世界一」をうたう記事が急激に増えます。その後、不良債権処理がすすみ金融システムの安定化がはかられた１９９０

年代後半にやや勢いを取り戻したかのように見えますが、ふたたび低迷。しかし、その後いきなり「愛国トレンド」が大きく跳ね上がるタイミングがあります。

それが、２００５～06年です。

内訳を見てもわかるとおり、「文化・スポーツ」分野が際立って多くなっています。そう聞くと、「ほらみろ、やっぱりサッカー日本代表じゃないか」と早とちりする人も多いかもしれませんが、ドイツ大会では日本代表は一度も勝つことができず、決勝トーナメントに出ていませんので、「世界一」などとうたわれるわけがありません。

では、何か。勘のいい方はお気づきでしょう、野球です。

マスコミが「愛国心」を刺激しつづけた3年間

じつはW杯ドイツ大会の少し前の２００６年3月、野球の世界大会である「ワールドベースボールクラシック（ＷＢＣ）」が初めて開催され、日本代表がキューバを倒して、みごと「世界一」の座につきました。このＷＢＣにまつわる報道で日本こそが「世界一」であるという「見出し」のニュースが大量にあふれかえったのです。

話を整理しましょう。

２００２年のW杯日韓大会は多くの人が指摘をするように、のちに「ネトウヨ」などに代表される日本のナショナリズムの発火点になったのでしょう。しかし、この時点での影響はあくまでも限定的であり、一部少数派の嫌韓感情やフジテレビに対するデモへと発展していくだけでした。

このような動きも「日本礼賛番組」や「日本礼賛本」の出現には無関係とまではいえませんが、さらに大きな役割を果たしたのは、「数字」がとれるサッカー日本代表というコンテンツを猛烈にプッシュしていたマスコミによって、２００３年11月から２００５年10月にかけておこなわれたW杯アジア予選のあいだに猛烈になされた**「戦意高揚キャンペーン」**の影響です。

日本人の脳裏に、公共の電波にのって流れる**「絶対に負けられない戦い」**というスローガンがこびりつき、「日本が勝つ」ことが当たり前だとしつけられていったのです。

ドイツ大会で日本代表は活躍することはできませんでしたが、代わりに人々の愛国心をくすぐってくれる救世主があらわれます。それが、**２００６年３月の「WBC世界一」**です。

朝日新聞の世界一報道が顕著に跳ね上がっていることからもわかるように、ここで日本人はマスコミによって「日本は世界一」というニュースのシャワーを浴びます。

つまり、**２００３年後半から２００６年までの日本は、マスコミによって猛烈に「戦意」**

を刺激され、「日本の世界一」を褒め称えるような情報があふれかえった期間だといえるのです。

2007年あたりから「日本礼賛本」や「日本礼賛番組」が、まるで社会に求められるかのようにつくられていくのも当然ではないでしょうか。

マスコミ報道とは「愛国報道」である

「日本礼賛番組」や「日本礼賛本」のルーツをたどっていくと、そこには「愛国」というイデオロギーが大衆に消費される風潮、あるいはナショナリズムを刺激するような大きなイベントの存在があるということが、ここまでの論考でよくわかっていただけたのではないかと思います。

それにくわえて注目すべきは、これまでみてきた「日本礼賛番組」の3つのパターン——《自己満足型「世界一」パターン》《勘違い型「世界一」パターン》《手柄横取り型「世界一」パターン》——が、近年になって唐突にあらわれたものではなく、バブル期はおろか、高度経済成長期、さらには軍国主義で覆われていた戦前までさかのぼっても、当たり前のようにみられる、ということでしょう。

この２つの事実から、これまでまったく語られてこなかった日本のマスコミの大きな「病」が浮かび上がります。

マスコミが異常ともいうほど「日本礼賛」に力を入れる現象は、ここ数年で突如として発生したものではなく、**日本のマスコミの「本来の姿」なのではないか――**。

つまり、日本が近代化を迎えた明治時代に登場した日本のマスコミにとって、「愛国報道」は少しも異常ではなく、むしろ平成の世まで断続的におこなっている「平常運転」ではないのかということです。

この疑問を解消するには、２０００年代の「日本礼賛番組」や「日本礼賛本」ブームを検証するだけでは不十分だといわざるをえません。戦前や戦後のマスコミがどのような「日本礼賛」をしてきたのかにも目を向けなくてはいけないからです。

そこで、次章ではそもそも「愛国マスコミ」がなぜ生まれたのかを探っていくために、時代をさかのぼってみていきましょう。

第5章　「愛国」と「反日」は表裏一体

明治から何度もおこっている「愛国本ブーム」

日本を無条件に褒め称え、**事実を歪めてまで自国の優位性をふれまわる「日本礼賛」というものが、じつは古くから確認されている「トレンド」である**、ということは識者や専門家も指摘しています。

たとえば、２０１５年2月25日の毎日新聞では『「日本人論」再考』（ＮＨＫ出版、２００3年）の著者で東大名誉教授（文化人類学）の船曳建夫氏が、これまで「愛国本」には３つのブームがあると語っています。

まず、第1期は日清・日露戦争が勃発して「富国強兵」が叫ばれた時代。新渡戸稲造の『武士道』や内村鑑三の『代表的日本人』に代表されるように、おもに西洋の先進国と日本を比較し、日本の「強み」を評価しようとした「外向きの時代」だったといいます。

第2期は１９２９（昭和4）年の世界恐慌から１９４１（昭和16）年の太平洋戦争の開戦ごろまで。九鬼周造の『「いき」の構造』など「日本は非西洋である」を前提に、日本の伝統に価値を求めた「内向的な時代」です。

そして、第3期が敗戦から経済復興までの半世紀。ルース・ベネディクトの『菊と刀』から社会学者エズラ・F・ヴォーゲルの『ジャパン・アズ・ナンバーワン』などが、右肩上がりの経済成長をとげるなかで登場しました。

これをふまえて、船曳氏は第4期ともいうべき、近年の「日本礼賛本ブーム」「愛国本ブーム」をこのように考察しています。

「今回は第2期に似ている。第2期の不安の相手は西洋だったが、今は中国や韓国を意識している点が特徴。人口減など将来に不安を抱えた日本人が未来に明るいものが見えないゆえに、古来の伝統や西洋人からの評価に価値や癒やしを求め、日本人、ひいては自分自身のアイデンティティーを守ろうとしているのでは」

日本人が「日本人論」を大好きな根底にあるのは、「不安」があるからだというのです。

いずれにしても、船曳氏のような「日本人論」の専門家から見ると、**日本では明治から現代にいたるまで「愛国本ブーム」が断続的に継続している**ということになります。

「愛国」を花開かせた天皇機関説事件

明治から断続的に「愛国本ブーム」がつづいているということは、前章の最後に紹介した朝日新聞の「世界一」の見出しの推移である図2からもうかがえます。

図3をご覧ください。これは図2のグラフに、船曳氏が指摘する**愛国本ブームの時期と、そこに大きな影響を与えているであろう社会的な出来事を重ねてみたものです。第1期、第2期、そして第4期では「日本礼賛記事」の盛り上がりと少なからずリンクしている**ことがわかります。

朝日新聞社のデータベースによると、まず第1期愛国本ブーム時の1908〜09(明治41〜42)年に「世界一」報道が初めてヒットします。そこから少し落ち着いたかのように見えますが、第2期ブーム時の1931(昭和6)年から国家総動員法が成立した1938(昭和13)年にかけて、記事件数が増加していきます。

この背景には、1937年に文部省が刊行した『国体の本義』という出版物が主張する、**「天皇機関説」をめぐる議論の影響もあった**、と私は考えています。

宗教学者・島薗進(しまぞのすすむ)氏の『国家神道と日本人』(岩波新書、2010年)によると、じつは

図3　朝日新聞の「日本礼賛記事」と社会のムード

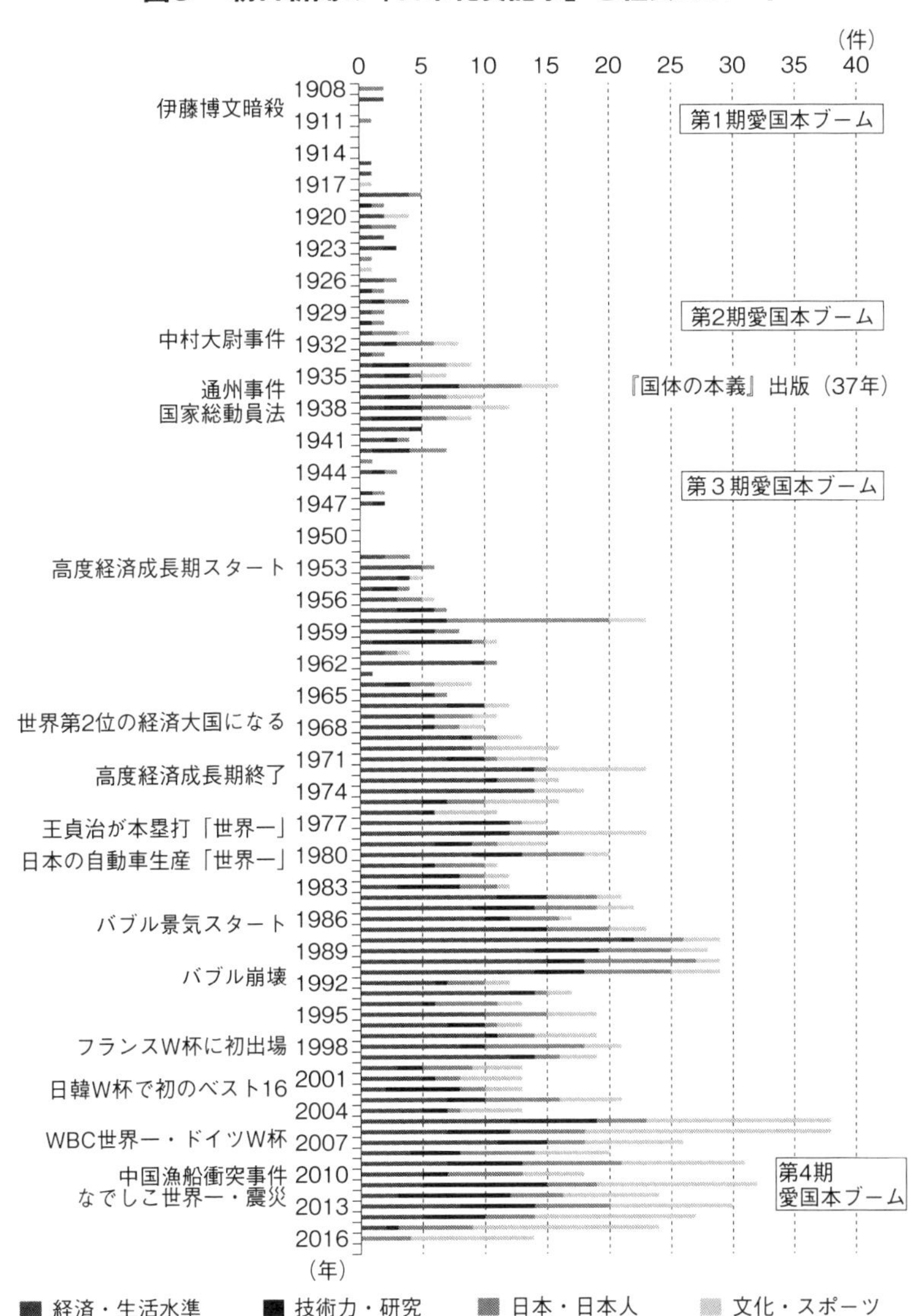

※朝日新聞記事データベースで「世界一」が見出しになっている東京本社の記事を検索し、日本や日本人、日本企業に関するものを抽出して著者が作成

天皇の神格化が進み「陛下のために命を投げ出す」ような〝信仰〟の対象になったのは、1930年代以降の戦時中からです。それまでは人々から崇敬される対象ではあったものの、太平洋戦争で多くの若者がその名を叫んで玉砕するような「現人神」という存在ではなかったのです。

また憲法上も、統治権は法人たる国家にあり、天皇はその最高機関として、内閣をはじめとする他の機関からの補弼を得ながら統治権を行使するものだとした「天皇機関説」を、美濃部達吉に代表される時の憲法学者は通説としていました。

しかし、その通説が「謀叛」として糾弾されます。1935年、貴族院本会議で、陸軍幹部で右翼的な思想をもつ菊池武夫議員が美濃部を「学匪」として厳しく糾弾するという、いわゆる「天皇機関説事件」が発生するのです。

これをきっかけに、天皇機関説は国を貶める異端の思想だと位置づけられ、天皇こそが「国体」そのものであるということを、時の内閣が国民に向けて宣言する事態となりました。

その理論的な礎となったのが、文部省が学者を集めて編纂した『国体の本義』です。

このなかで国は、天皇機関説を明確に否定しつつ、「万世一系」の天皇が統治するという「国体」は、「我が国永遠不変の大本である」とともに、日本が西洋文化だけではなく、共産主義などとも異なる特別な国だと強く主張しています。

　このような**「日本＝世界で無二の存在」という言説が花開いた**この時期、当時は「御用新聞」ともいうべき、政府とベッタリな関係にあった朝日新聞に「日本礼賛記事」が増えていくというのは、ある意味で当然といえましょう。

経済成長後は「文化・スポーツ」の愛国記事が急増

　第３期のブームが起きた戦後から経済復興の半世紀を見てみると、たしかに高度経済成長期がスタートした１９５３（昭和28）年の前年から「日本礼賛報道」があらわれています。ドイツを抜いて世界第２位の経済大国となった１９６８（昭和43）年の後から、さらに増えています。

　１９７３（昭和48）年に高度経済成長期が終了したことを受けて、「日本礼賛報道」も踊り場に入りますが、巨人の王貞治（おうさだはる）選手が、本塁打の世界記録を樹立（１９７７年）した後あたりから少しずつ息を吹き返しているのか、小幅な「波」が確認できます。

　１９８０年代初頭、「世界一」をうたう記事はなぜか低迷しますが、バブル景気がスタートした１９８６（昭和61）年の後から、当時の狂乱ぶりを反映するかのように「世界一」報道が一気に跳ね上がります。

ご存じのように、この時期の日本人・日本企業はゴッホの絵を高額で買ったり、ニューヨークのロックフェラーセンターを購入したりするなど、世界中で「爆買い」をします。「世界一」報道の大きな牽引力となっているのが「経済・生活水準」というカテゴリーの記事だということからもそれがうかがえます。

バブル崩壊によって少し落ち込みますが、前章で述べたようにフランスW杯、日韓W杯という日本人のナショナリズムを強烈に刺激する「サッカー日本代表」への応援に熱が入っていくのと比例するかのように、ふたたび「世界一報道」が盛り返していきます。

それが一気に大ブレイクを果たしたのが2006年の、「世界一」の速さで予選を突破したドイツW杯と、日本の国民的なスポーツといわれる野球がWBCで「世界一」の栄冠に輝いたことだというのは、これまで考察してきたとおりです。

一方で特筆すべきは、この時期になると、「経済・生活水準」というカテゴリーの記事は徐々に減少して、かわりに「文化・スポーツ」「日本・日本人」というカテゴリーで「世界一」をうたう記事が急激に増えていきます。

バブル崩壊後の「失われた20年」と呼ばれる経済成長の停滞や社会の閉塞感という暗い風潮を吹き飛ばすかのように、アスリートやアーティストという「個人」の業績や日本人の優秀さ、日本文化の独自性に「国威発揚」を求めたという構図が、そのままこのグラフから読み取ることができるのです。

「日本の技術は世界一」報道がスタート

「日本礼賛本」が生まれはじめた２００７年以降になると、これまた非常に興味深い現象があらわれます。これまでバブル期や２０００年代前半まではほとんど確認されていない「技術力・研究」というカテゴリーで「世界一」をうたう見出しの記事の存在感が増すのです。

これは、ＮＨＫで「日本礼賛番組」の先駆けともいえる『ｃｏｏｌ ｊａｐａｎ 発掘！かっこいいニッポン』がスタートした時期です。このような〝売れるコンテンツ〟を朝日新聞の整理部も意識していたということでしょう。

日本経済が失墜（しっつい）するなかで「文化・スポーツ」という個人の業績で国威発揚をし、やがてそれが「日本人の技術力」や「研究開発力」という専門分野に対する「強み」として注目されていくというのは、ドラッカーが指摘したような「技術の細部」への強いこだわりを示すファシズムの特徴と微妙に重なっています。「愛国」の動きとファシズムが同時期に台頭してきているというのは、注目すべき事象です。

２０１１年になると、ふたたび私たちに「日本人とは何か」ということや「日本のチームワーク」というものを鮮烈に印象づける2つの出来事が起きます。

「東日本大震災」と「なでしこジャパンの世界一」です。

2011年3月11日に発生したあの未曾有の災害によって、東北を中心に多くの方たちが亡くなりました。福島第一原発事故によって家や故郷を失った方々もいました。

一方で、被災者や復興にあたる人たちを応援する声が社会にあふれ、被災地へのボランティア活動や有名人のチャリティなどが活性化し、「日本のため」に行動をすることが広まったのもこの時期の特徴でしょう。

「震災」と「なでしこジャパン」

みんなが力を合わせれば、この苦しい時期を乗り越えられる——。このような社会ムードをさらに後押ししてくれたのが、「なでしこジャパン」の活躍でした。震災から4ヵ月後に開催された女子初のW杯でみごと「世界一」に輝いて、「日本中に勇気を与え」ました。

もちろん、人によって受け取る印象は異なるでしょうが、日本という国家、そしてマスコミは間違いなく「なでしこジャパンが日本を勇気づけた」と受け取っています。

なぜそんなことがいえるのかというと、W杯での優勝からほどなく、「広く国民に敬愛され、社会に明るい希望を与えることに顕著な業績があった」（内閣府ホームページ）として、「国民栄誉賞」が贈られているからです。

ＮＨＫの「日本礼賛番組」のグラフ（１３４ページの図１）も２０１１年から急伸し、一気に２０１３年のピークまで右肩上がりで増加していっています。

その動きに反応するかのように、民放のテレビ局でも「日本礼賛番組」が次から次へと企画されはじめます。そして、２０１０年あたりから増えはじめた「日本礼賛本」が一気に増えたのもやはり２０１３年です。

以上のことからも、２０１１年には、マスコミのなかで日本人の「愛国心」を刺激するようなマーケットが形成されたことは、ほぼ間違いないのではないでしょうか。

なぜ「反日」朝日で「愛国報道」が増えていくのか

さて、日本社会における「愛国トレンド」の大きな流れを、朝日新聞における「日本礼賛記事」の推移とともにふりかえってきましたが、ここで一点、ほかの新聞ではあまり見られない朝日新聞特有の「トレンド」についてもふれておかなければいけません。

それは、**日本が「世界一」という見出しの件数が、**戦前から現代にいたるまで小幅に揺れながらも、**その振れ幅、すなわち件数が長期的にみると増加傾向にある**ということです。

じつはほかの新聞でも同様の調査をしてみましたが、日本や日本企業について「世界一」とつく「見出し」は多い年もあれば少ない年もあるという感じで、規則性はありません。もちろん、他紙でもＷＢＣやなでしこジャパンが「世界一」に輝いた年に件数が跳ね上がるなど、朝日と同様の傾向も確認できます。が、株価を思わせる上下動をくり返しながら件数が増えていくという朝日新聞のような長期的なトレンドはみられません。

たとえば、図４は日本経済新聞で同様に「世界一」という「見出し」の推移をグラフにしたものです。

１９８６年からのバブル経済時には、目に見えて「世界一」をうたう「経済・生活水準」カテゴリーの記事が増えていますが、91年のバブル崩壊以後は減少。

２０００年代に入ると徐々に回復し、それまではあまりなかった「文化・スポーツ」「日本・日本人」というカテゴリーの「世界一」記事が増えるなどの傾向もみられます。しかし、朝日新聞のように上下動をくり返しながらも、全体として件数が伸びていくような長期的トレンドはみられません。

もちろん、日本経済新聞は「経済ニュース」をメインとしていますので、整理部は経済ト

図4　日本経済新聞の「日本礼賛記事」の推移

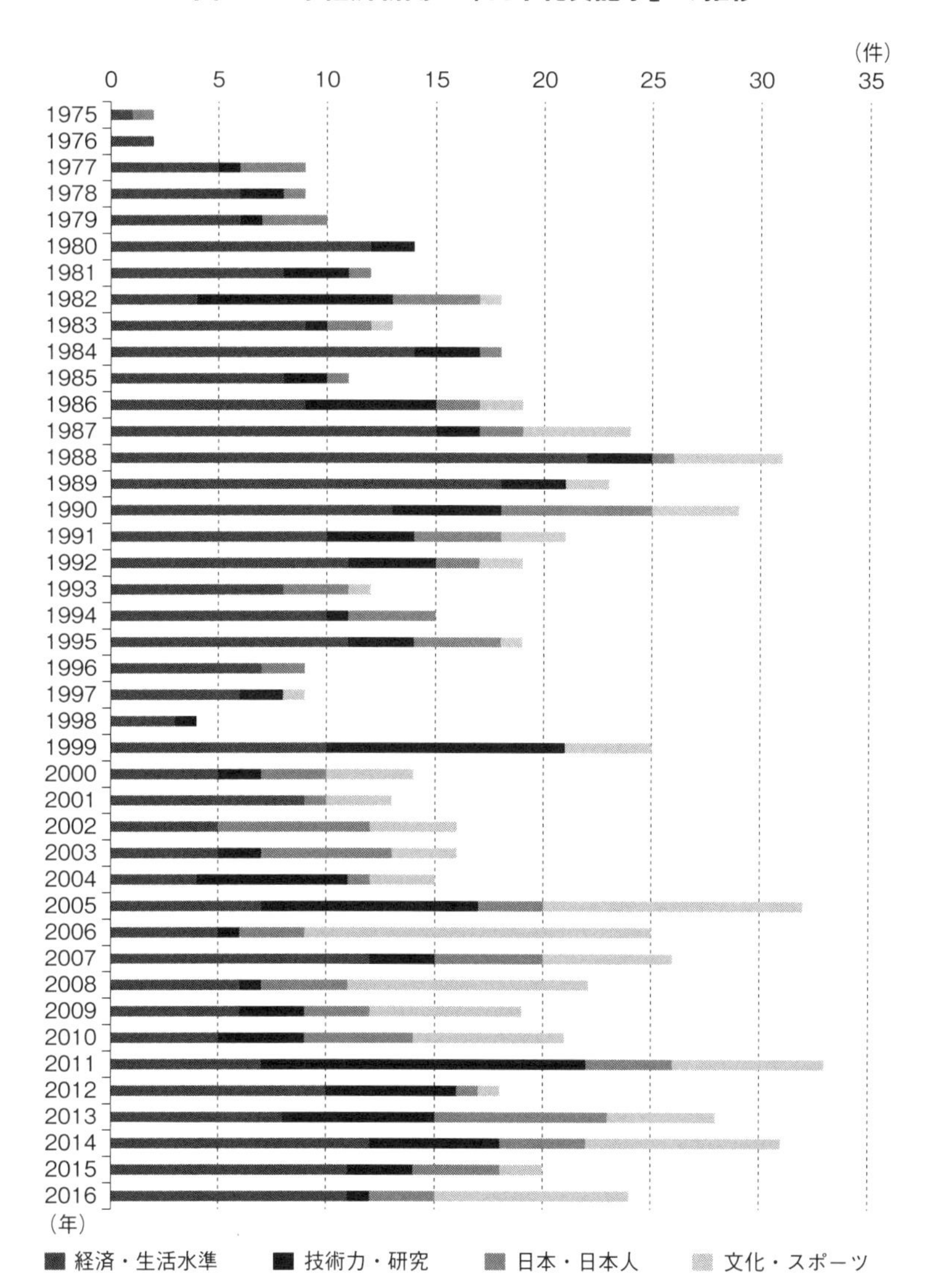

※「日経テレコン」で「世界一」が見出しになっている日本経済新聞の記事を検索し、日本や日本人、日本企業に関するものを抽出して著者が作成

レンドを読み、メイン読者であるビジネスパーソンたちに関心があるか否かを「忖度」します。しかし、朝日新聞の整理部の評価基準とまったく異なるので、このような違いが出るのも当然でしょう。

ただ、それをふまえても、**朝日だけ「日本礼賛傾向」が強まっていく**ことの説明がつきません。戦前からはじまっている「愛国本ブーム」とまるで歩調を合わせるように、**「愛国報道」が増えている**のです。

これは非常に不可解な現象ではないでしょうか。

ご存じのように、朝日新聞は一部から「反日マスコミ」の代表格としてとらえられています。論調にリベラル左派色が強いので、どうしても日本の「戦争犯罪」に厳しく、中国や韓国との友好関係を重視するというスタンスゆえに、「偏向報道」と叩かれているのです。

そのような**「反日新聞」がじつは、ほかの新聞より世の中の「愛国」ムードを敏感に察知している。しかも、それが戦前から一貫してつづいている「トレンド」である——**。

じつはこの矛盾した不可解な話にこそ、本書が解き明かしていこうとしている「愛国報道」の本質が潜んでいるのです。

「日本礼賛記事」をどんどん採用する朝日の本心

どういうことか、順を追って説明しましょう。

戦前の日本が軍国主義に覆われていたことは、学校などで教えられており、当時は日本人が世界一優秀な民族であるという「日本を褒め称える新聞記事」があふれかえっているイメージをもっていると思います。

しかし、**朝日新聞においては、「日本を褒め称える新聞記事」の数は戦前と１９５０～60年代はそれほど変わらず、**80年代や90年代のほうがはるかに多くなっており、さらに**近年の多さは特に際立っています。**

「朝日が他紙よりもサッカーや野球の報道に力を入れたからじゃないの？」という指摘もあるでしょうが、先ほどの図３を見ていただければわかるように、90年代や２０００年代の増加は「文化・スポーツ」カテゴリーだけではありません。

たしかに06年や11年に「日本礼賛記事」が増えているのは、ＷＢＣやなでしこジャパンが「世界一」の座についたことも大きいのですが、じつはこの時期に「世界一」をうたっていたのは、野球やサッカー関連の記事だけではないのです。

「世界一の飛行船」(2006年10月3日)や「特許の出願数、日本が世界一」(2006年10月17日)などさまざまな分野での「世界一」を引っ張り出してくるだけではなく、「世界一になっちゃいました　日本スパコン7年ぶり」(2011年6月21日)など、スポーツ報道に呼応するように「技術力」などの「世界一」をうたう傾向が強まってきているのです。

なぜ「反日」とそしりをうけている朝日新聞で、時を経るにつれて「世界一」をうたう「日本礼賛記事」が増えていくのでしょうか。合理的に説明できるような理由はひとつしかありません。

朝日新聞の紙面を構成する権限をもっている人たちが、「世界一」をうたう「日本礼賛記事」を好んで採用し、ニュースバリューがあると考えて積極的に「世界一」というフレーズを見出しにつかう傾向が年々強まっているのです。

「愛国」と「反日」のバランスをとるのが「中正」

従軍慰安婦や南京事件というような反日ネタならいざ知らず、朝日新聞でそんな力学が働くわけがないじゃないかと呆(あき)れる人も多いかもしれませんが、朝日新聞の編集方針を考慮すれば、まったく不思議なことではありません。

社としての方針を述べた「朝日新聞綱領」のなかには、よくいわれる「不偏不党」とともに以下のような一文が入っています。

「真実を公正敏速に報道し、評論は進歩的精神を持してその中正を期す」

個人的にはこのような「いったい何様だ」というような上から目線の編集方針を掲げているることこそが、昨今のメディア不信をひきおこしているると思っているのですが、注目すべきは、この「評論」のくだりです。

「中正」とは「立場が一方に偏らず、正しいこと」を意味します。要するに、「一方に偏らないことこそが正義」だというのです。

ここまで「綱領」を守っていない企業もめずらしい、とツッコミが入るかもしれません。ただ、朝日新聞に少しでも籍を置いた私自身の体験からすると、中にいる人たちは非常に真面目で、きわめて常識的な人が多い印象なのです。だから「綱領」に記されているとおりに、一生懸命取り組んでおり、自分たちはこれを本気で守っている、と感じています。

「優秀」とされる社員ほどどちらかに偏ることなく、中立公正で報道をしようと細心の注意を払っています。

そのような「中正」に対するこだわりが、朝日は他紙と比べてかなり強い印象です。

それは裏を返せば、**他紙よりも「評論のバランスをとろう」というバイアスが強く働く**ということです。ここまでお話をすれば、ピンときた人も多いのではないでしょうか。

朝日新聞で「世界一」をうたうような記事が年を追うごとに増えているのは、「中正」を掲げる彼らなりに「バランス」をとっていることが原因なのです。

「愛国」と「反日」にみられる作用・反作用の法則

先の船曳氏は「愛国本ブーム」の背景には、「不安」があるとしましたが、その理屈(りくつ)でいえば、朝日新聞が「世界一」をうたっている時期を客観的にみてみると、ほぼ例外なく日本人としてのアイデンティティーを揺るがすような事件、つまり「反日」的な動きが発生して、注目を集めている時期とかなり近いのです。

図5をごらんください。これは、先ほどの図3に、「愛国」と対極に位置するような「反日」の記事が多くあふれた時期と、愛国心が刺激されるような中国や韓国との衝突のタイミングを記したものです。

いかがでしょう、「日本礼賛報道」が増えている時期と、みごとにリンクしないでしょうか。

図5　朝日新聞の「日本礼賛記事」と反日記事・ブーム

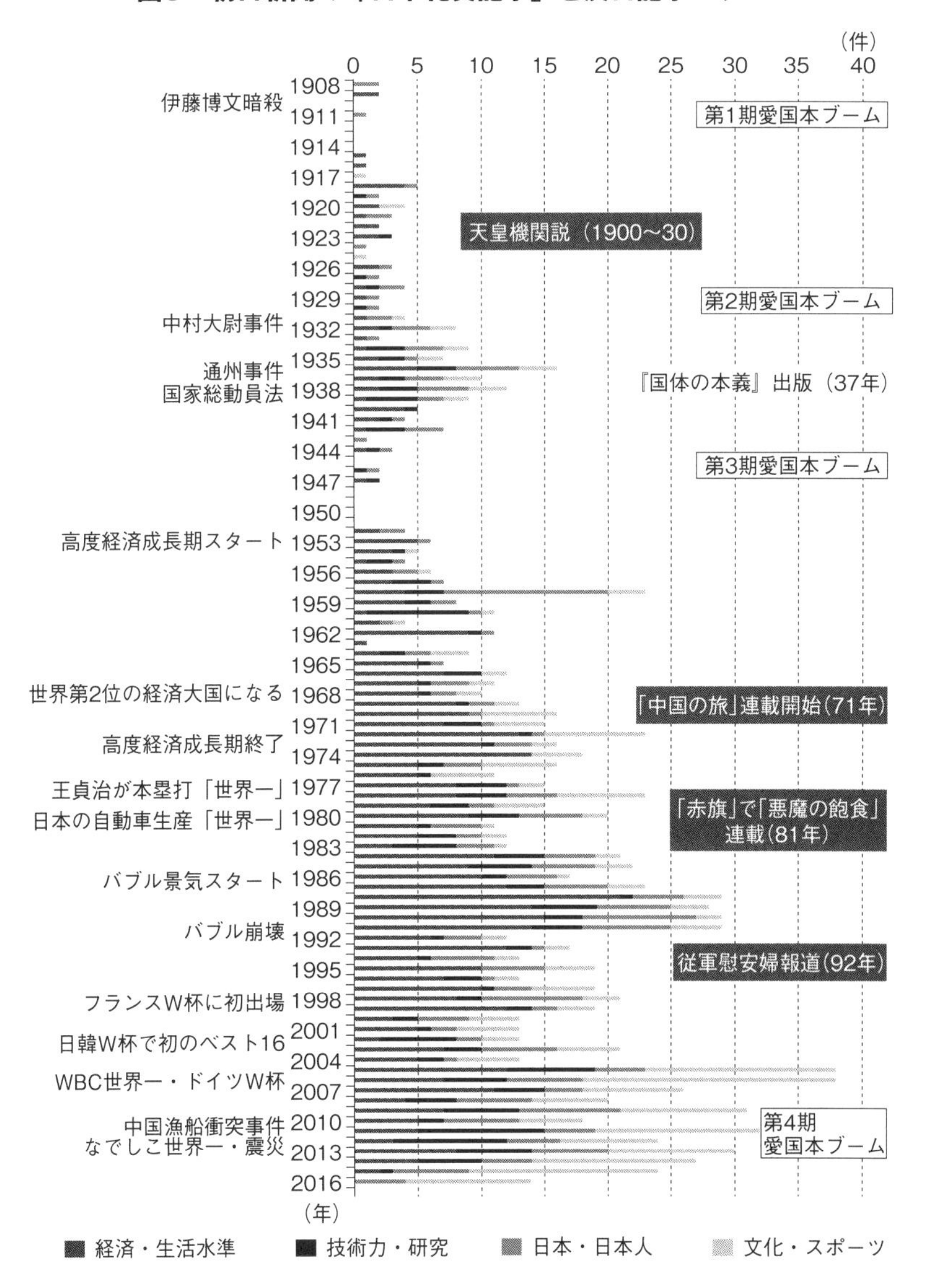

※朝日新聞記事データベースで「世界一」が見出しになっている東京本社の記事を検索し、日本や日本人、日本企業に関するものを抽出して著者が作成

朝日新聞に「世界一」をうたう記事があらわれはじめ、第1期愛国ブーム下である1909（明治42）年は、伊藤博文が安重根に殺害され、朝鮮半島で「反日」運動が高まっていた時期です。

その後、「日本礼賛記事」はしばらく落ち着きますが、1920年代からふたたび増えていきます。この時期は前項で指摘したように、憲法学者たちが「天皇機関説」をふれまわった時期でもあります。これは愛国主義者からすれば、とても看過することのできない「反日」的な振る舞いであり、そこでためられた怒りが、天皇機関説事件という愛国的行動としてあらわれます。

つまり、**「愛国報道」とは、「反日報道」に対する「反動」である**という見方もできるのです。

このような作用・反作用の動きを見れば、1930年代に「日本礼賛記事」が増えていることも説明がつきます。1931（昭和6）年の満州事変、1937年の盧溝橋事件など、中国軍との衝突がつづいたことが愛国者たちを大いに活気づかせたと思いがちですが、じつはこの時期に、愛国者からすれば許せない「反日事件」が相次いでいます。

それが、1931年6月の中村大尉事件と、1937年7月の通州事件です。

前者は、満州奥地を調査中だった中村震太郎大尉ら2人が中国兵に射殺された事件、後者は、盧溝橋事件直後、北京の東にある通州で、中国の保安隊によって日本人と朝鮮人の計200人以上が惨殺された事件です。

この2つの「反日事件」は連日のように新聞をにぎわせ、日本中が怒りに包まれました。その反動が、「日本礼賛記事」の増加に結びついたことは容易に想像できます。

読売との販売競争が生み出した「反日」路線

さて、「愛国記事」を「反日記事」の反動だとみると、戦後のトレンドはさらに理解がすすみます。

高度経済成長期からあらわれはじめた**「日本礼賛記事」は、1972（昭和47）年にこの時代のピークを迎えますが、じつはこの前年の8月に朝日新聞が「反日マスコミ」のそしりを受けるきっかけとなった連載『中国の旅』がはじまっています。**

ご存じの方も多いと思いますが、これはジャーナリスト・本多勝一氏がまだ朝日記者だった時代、旧日本軍が中国でどのような傷を残したのかをルポルタージュで伝えた40回の連載記事です。平頂山事件にはじまり、万人坑、南京事件、三光政策の4部に分けて報じられました。

百人斬り事件や万人坑といった日本軍の非道なおこないが次々と伝わり、大きな反響を呼びました。

このような「反日報道」が世にあふれることを、時の愛国者たちは、天皇機関説を否定した人々のように許せませんでした。そのような一部の人たちの怒りを朝日新聞が「忖度」すれば、翌年の「日本礼賛記事」が増えていくのは当然です。

また、このようにバランスをとった背景として、「反日報道」がイデオロギー的な要因や中国共産党の陰謀ではなく、ビジネス上の戦略だったということにも、ふれておかねばなりません。

じつは**『中国の旅』がはじまった時期は、ちょうど読売新聞と激しい部数競争を展開していたとき**で、新聞拡張員同士が客を奪い合うなどのトラブルが発生する問題もありました。

「朝日と読売の激突は、昭和四十六年十月十五日現在部数で朝日が六百四万九千四十部と六百万の大台を突破したあたりから表面化したといわれる。（中略）

目に余る販売戦は、週刊誌や雑誌にも報道論評されるようになり『新聞の恥部』として販売の狂乱ぶりが世のひんしゅくを買うところとなったのである」（社団法人日本新聞販売

協会編、『新聞販売概史』、１９７９年、Ｐ４４０）

このような競争が激化していくなかで、主戦場であるはずの「紙面」も同様に競い合うようになっていくことは、容易に想像できるでしょう。

読売は保守層に訴えていた新聞ですので、そことの**差別化をしていくために、朝日としてはよりリベラル、より左派の論調へと先鋭化していくのは、当然といえば当然の企業戦略**なのです。

ただ、一般の人は、朝日新聞をそのような営利企業として見ることはできません。当時から、現在の朝日を叩く人たちのように、思想信条的に許せないということで、激しい抗議やバッシングがスタートしていきます。

山本七平が看破した「反日」と「愛国」の関係

事実、この時期の世論の盛り上がりと、１９３０年代の「反日」への国民的な怒りの共通点を指摘している人物がいます。評論家の山本七平（やまもとしちへい）氏です。

「日中復交前に本多勝一記者の『中国の旅』がまき起した集団ヒステリー状態は、満州事変直前の『中村震太郎事件』や日華事変直前の『通州事件』の報道がまき起した状態と非常によく似ているのである」(『日本はなぜ敗れるのか　敗因21カ条』角川書店、2004年、P17)

「反日報道」が引き金となった日本の戦争犯罪を糾弾する集団ヒステリーと、戦前の「反日事件」が引き起こした愛国的な集団ヒステリーがよく似ている、と聞くと、やや違和感を覚える人もいるかもしれませんが、冷静に考えればそれも当然です。

ここまで論じてきたように「愛国」と「反日」は、そこでふれまわるイデオロギーとしては対極ではありますが、日本を礼賛するか、日本を貶めるかという違いだけであって、ともにナショナリズムをめぐる「狂乱」であることには変わりありません。

つまり、**「愛国」と「反日」は合わせ鏡の双子のような存在**なのです。

ですから、どちらかが増えて社会が一方に流れそうになると、「中正」というものをつねに心がけている朝日新聞のような報道機関は、無意識にバランスをとります。**世に「反日報道」があふれかえると、すべて「反日一色」にならないように、「愛国報道」の蛇口をひねって、「愛国」的な論評も世に多く送り出します。**

これは彼らが綱領で掲げている「評論は進歩的精神を持してその中正を期す」という「正義」が必ず引き起こすであろう「トレンド」なのです。

それは『中国の旅』の後の「反日報道」をみてもあてはまります。

１９８１（昭和56）年、『赤旗』の紙面上で、中国大陸で細菌戦研究のために人体実験をしたという旧日本軍の「７３１部隊（関東軍防疫給水部本部）」を題材にした作品『悪魔の飽食』（森村誠一）の連載がはじまります。これは社会的にも大きな反響を呼び、朝日新聞でもこの年、「七三一部隊」という見出しの記事が増えていくのです。

その「反日トレンド」が強くなった１９８１年から83年は「日本礼賛記事」も極端に少なくなりますが、まるでそのフラストレーションを発散するかのように、１９８４年からはふたたび増えていきます。

強烈な「反日」の反動によって、なりを潜めていた「愛国」を跳ね上がらせているのです。

「反日マスコミ」と「愛国マスコミ」、２つの顔をもつ朝日

日本社会だけではなく、韓国をまきこんで大きな外交問題に発展した「従軍慰安婦」報道もしかりです。

１９９１年からはじまったこの報道は、92年に１２０本の記事を掲載して大きな反響を呼んだ後、そのまま97年までは年間60~40本ほど掲載されています。これをふまえると、従軍慰安婦報道がつくりだした「反日トレンド」の期間は１９９２年から97年ということになります。

一方、図5の「日本礼賛記事」の推移をみると、92年と94年、96年に減っており、愛国トレンドが弱まっていることがわかります。

従軍慰安婦報道という「反日キャンペーン」をおこなっていたときは、どうしても日本の「世界一」をうたう「見出し」は掲載しにくいので、「愛国報道」は「萎縮(いしゅく)」するような形になってしまいました。しかし、つねに「中正」であろうとする朝日新聞からすれば、この「偏向」はあまりよろしくない。そこで、従軍慰安婦報道キャンペーンがひと段落ついた97年あたりからはバランスをとって、「愛国報道」が増えてきたとみることができます。

このことから導き出されるのは、**「愛国報道」と「反日報道」が、寄せては返す波のように、互いの影響力の大きさを注視しながら、ともに増加傾向にあるものではないか**という仮説です。

そう考えると、朝日新聞において、年を追うごとに「愛国報道」が増えていくという現象も説明できます。

南京事件や従軍慰安婦報道後も、朝日新聞は左派リベラルとして、日本の戦争犯罪の追及、中国や韓国に対する謝罪などを求めてきました。「反日トレンド」が増えていくので、バランスをとるように「愛国トレンド」も増していくというわけです。

朝日新聞というと、どうしても「反日マスコミ」という側面ばかりに注目されがちですが、報道傾向を分析していけば、**じつは「愛国マスコミ」という、もうひとつの顔が浮かび上がってくる**のです。

マスコミの「二重人格」が日本社会に与えたもの

この二重人格のような**マスコミの「ダブルスタンダード報道」が、社会に大きな混乱を招くことはいうまでもありません。**

あるときは、日本を貶めるように戦争犯罪を断罪し、反省や謝罪をうながす。そしてまたあるときは、さも日本人は世界のなかでも唯一無二の存在であるかのようにふれまわって、偏狭なナショナリズムを刺激する。

本人たちは「中正」ということでバランスをとっているつもりですが、結果として**自分で「火」をつけて、騒ぐだけ騒いだ後にしれっとした顔でそれを消すという「マッチポンプ」**

になっているのです。

もちろん、このような傾向は朝日新聞が特に顕著（けんちょ）であるというだけで、すべてのマスコミに多かれ少なかれあてはまる問題です。

つまり、私たちは戦前、戦中、戦後を通してこの100年近く、「中正」なマスコミによって、「反日」と「愛国」の膨大な情報をかわるがわる、シャワーのように浴びせられてきたのです。

「反日報道」にも、これまで指摘してきた「愛国報道」と同様に「偏向」という問題が多く内在していることは言うまでもありません。事実を歪めて、ある特定のイデオロギーに都合のよい恣意（しい）的な見方に基づく。このような「偏向した報道」を正しいものだとしつけられ、100年間も受け取ってきた国民はどうなっていくでしょうか。

冷静に客観的に物事を見ることができるでしょうか。マスコミが報じる耳あたりのいいスローガンや、極端なケースを鵜呑（うの）みにせず、ニュースの裏にある真実を読み解くことができるでしょうか。

できるわけがありません。

偏向報道で「歪んだものの見方」が蔓延

先の戦争で日本全体が軍国主義に染まってしまったことは、否定しがたい事実です。そして、その戦争を否定してきて70年以上が経過しても、いまだに日本社会は「ムードに流されやすい」「横並びを好む」という戦前の日本社会を想起させる問題を指摘されています。私は、これこそマスコミの責任ではないかと思っています。

この１００年間、朝日新聞をはじめとしたマスコミは、「中立公正」といいながらも、「反日」や「愛国」へと偏った報道をふれまわってきました。

事実を歪め、都合のよい解釈をしている情報を、「正しい」とくり返し与えられてきたことによって、われわれ日本人は、物事を客観的に判断したり、自分たちにも都合の悪い事実を受け入れたりする力が奪われてしまったのではないでしょうか。

つまり、「バランス」をなによりも重要視するマスコミによって「反日報道」も「愛国報道」も「中立公正」な情報としつけられつづけた結果、**われわれ日本人は、「洗脳」ではありませんが、これら偏向報道特有の「歪んだものの見方」をするのが当たり前**になってしまった恐れがあるのです。

そんな馬鹿な、と思う方もいるでしょうが、事実として、朝日新聞の戦前の紙面は、ここまで「日本礼賛番組」についてさんざん指摘してきたような偏狭なナショナリズムや、日本民族至上主義ともいうべき強烈な主張に満ちていました。

戦前、戦中、そして戦後と、偏っている方向性の違いはあれど、日本を代表するこの新聞は一貫して「偏向」をつづけています。そして、その根幹には、いつも「愛国」がちらちらと見え隠れしているのです。

そこで次の最終章では、朝日新聞の「愛国」のルーツに迫っていくことで、「愛国マスコミ」がひきおこしている「病」の元凶(げんきょう)をさぐっていきましょう。

第6章　戦前から「愛国報道」が抱える闇

最初の「愛国報道」は支離滅裂だった

「戦時中は軍部に脅されて仕方なく戦争を煽るような報道をした」と、朝日新聞をはじめとする戦前からつづくマスコミはよく言い訳をしています。ですが、これまでのグラフなどで示したように、国家総動員法がしかれ、企業や労働組合というものまで、すべてが国の監視下に入る以前から、朝日新聞は日本を褒め称え、日本人の優秀さを説いていました。

そんな「愛国新聞」の論調をふりかえっていくと、「1920年以降」というのがひとつのターニングポイントとなっていることに気づきます。

朝日新聞の紙面に、日本こそが「世界一」だとうたう「日本礼賛記事」が登場しはじめるのは1908～09年ですが、当初はかなり「ひとりよがり」というか、強引に「世界一」に結びつけているという印象の記事ばかりでした。

たとえば、「日本は世界一のおもちゃ国　米国に輸出する玩具が五百万円　菓子と頭飾りもなかなか有望だ」(1916年8月27日)という記事では、対アメリカ輸出費だけで「世界一」をうたっています。ヨーロッパにも巨大なおもちゃ市場があるはずですが、そこに対する言及はありません。

また、「劇通の米夫人　観光にきたスタイン夫人『日本劇は世界一の芸術』」（１９１７年３月１日）にいたっては、アメリカ人観光客が「世界一」だと発言したことをもってして、日本劇はすばらしいという記事になってしまっています。リップサービスを真（ま）に受けてしまっているのです。

このように、**個人の感想や根拠のない国際比較に基づく「世界一」があふれていた「日本礼賛記事」のトーンが、１９２０年代になると大きく変わっていきます。**たとえば、東京朝日新聞では以下のような記事です。

「日本の電気業　電灯普及世界一　新帰朝林安繁氏談」（１９２２年12月27日）
「サイエンス／模造真珠の話　技術は日本が世界一」（１９２３年７月８日）
「人口統計では日本が世界一　惜しい事には死亡率が高い　連盟医務部長の報告」（１９２６年４月27日）
「世界一進歩せる我国細胞学研究」（１９２６年７月11日）

このような傾向は全社的なものだったようで、大阪朝日新聞にも同様の論調が確認できます。

「瓜糖買付　日本が世界一」（1923年5月17日）

「わが国は世界一の海藻国　利用するのも日本だけ」（1927年6月30日）

朝日の「世界一報道」に大きな影響を与えた男

この「変化」を一言でいえば、個人の感想や根拠なく「世界一」をうたうのではなく、統計や科学研究などの国際比較に基づいて「世界一」をうたうようになった、といえるでしょうか。

そう聞くと、「日本が、国際社会のなかで自分たちがどのくらいのポジションにいるのかを気にしはじめたんだろ」と思うかもしれません。たしかに、この時期は大正から昭和に移り変わる際で、「欧米列強へ追いつけ追い越せ」という社会的なムードにあふれていた時代でしたので、実際に日本の産業や科学技術力が向上してきた証左（しょうさ）であるという見方もできるかもしれません。

しかし、同じ時期の読売新聞には「世界一の衣装持ちといわれる日本人」（1926年1月21日）などという、相変わらずの「ひとりよがり」な記事しかありません。

つまり、「国際比較に基づく世界一報道」というのは、この時期の朝日新聞に特有の現象なのです。

なぜ朝日新聞だけに、国際比較を駆使して、日本の強みを強調するような論調が生まれたのか。そのような論調を好む勢力が朝日新聞のなかで主導権を握ったからだと考えるのが、最も合理的です。当時の新聞は、現在よりも個人の主義主張が色濃く反映されていたからです。

それをふまえて当時の朝日新聞を見渡してみると、条件にぴたりと合う人物が１９２１（大正10）年、朝日新聞を創刊した村山龍平（むらやまりょうへい）社長によって迎え入れられています。

それは、**下村宏**（しもむらひろし）（下村海南（かいなん））氏。のちに専務取締役、副社長を歴任し、１９３７年に貴族院議員となるまで、**朝日新聞の論調に大きな影響を与えた人物です。**

下村氏は東京帝国大学卒業後、逓信省（ていしん）に入って、為替（かわせ）貯金局長等をつとめた役人です。１９１５（大正４）年に台湾総督府民政長官（のちに総務長官）となって植民地行政にたずさわった後に日本に戻り、法学博士となりました。

そのような元官僚の学者がなぜ朝日新聞へ「天下り」することになったのか。『朝日新聞の九十年』（朝日新聞社、１９６９年）という社史のなかには、入社の経緯が端的にまとめられています。

「大正九年六月のある日、『大阪朝日』の楼上で台湾総督府民政長官、法学博士下村宏（海南）の講演会が開かれた。『日本民族の将来』という演題の下に四時間にわたる長講を続け、深い識見と巧みな話術は聴衆をひきつけて時の移るのを覚えさせなかった。このとき下村は、社が贈った謝礼を固辞して『この講演が多少なりとも世人を裨益（ひえき）するものであれば、この謝金をもってパンフレットをつくり、希望者に配布されたい』と申出た。また下村の大阪での宿舎は質素極まるものであった。村山社長は、これらを多として間もなく入社話を始め、翌十年九月十二日正式に決定した。この月二十一日、村山の希望で欧米視察の途に上り、帰国とともに翌十一年五月、本社の専務取締役に就任、昭和五年には副社長に進み、社長を助けて本社の経営に当った」（『朝日新聞の九十年』、P326〜327）

最先端をいく国際派専務・下村宏

この入社経緯から、村山社長は下村氏に対して、台湾総督府での勤務経験はもちろん、「国際社会における日本の立ち位置の論評」という当時の日本の新聞にいた海外特派員が苦手としていた分野の強化を期していたことは明らかです。社長からじきじきに欧米視察に行かせてもらっています。

ちなみに、「日本民族の将来」という講演も、アメリカやヨーロッパの現状と照らし合わせて、日本が進むべき指針を説いているものです。**専務取締役待遇で迎えられた下村氏は、朝日新聞の論調に影響を与えていてもおかしくはない当時の最先端の「国際派」**だったというわけです。

事実、大日本雄弁会講談社から1928（昭和3）年に『下村宏博士大講演集』という講演をまとめた書籍が出版されており、その巻頭には「此の書を村山龍平翁におうにささぐ」とあります。村山社主と下村氏のあいだに強い信頼関係があったことがうかがえます。

また、本書の序文には、「朝日新聞社の一員となつて足かけ七年、此の間足跡殆ほとんど全土にあまねく、講演に演説に壇上に立ちたる事前後幾百回たるを知らぬ」とあります。

つまり、当時の下村氏は「法学博士」としてだけでなく、「朝日新聞社本社専務取締役」という立場で、日本が直面している問題について日本全国の大衆に説いてまわることを求められていたにほかなりません。

事実、下村氏は講演のみならず、当時普及しはじめた「ラジオ講演」でも「朝日新聞」の看板を背負って大活躍していました。下村氏の人生を調べたＰＨＰ総合研究所（当時）・坂さか本慎一氏は、『玉音放送をプロデュースした男　下村宏』（ＰＨＰ研究所、２０１０年）のなかで、「ラジオ受信機が次第に普及をしてくると、〝朝日新聞の下村海南〟は全国的に有名になった」（Ｐ１１８）として、「各地で有志による『海南先生に学ぶ会』が結成され、皆が首を長くして下村の訪問を待ちわびた」（Ｐ１１９）と述べており、ちょっとした「スター文化人」だったことがうかがえます。

　このような下村氏の社会的評価は、現代でいえば、「国際社会のなかで日本がどのような立ち位置なのか」ということをわかりやすくテレビで解説しているジャーナリスト・池上彰氏でしょうか。

　いずれにせよ、彼が朝日新聞のなかで、「唯一無二のポジション」にいたことは間違いないでしょう。

「日本をよりよくせねばならぬ」という熱い思い

　下村宏氏という「朝日新聞専属評論家」が全国各地で「世界のなかの日本」というテーマの講演活動をくり返しているなら、その所属先である朝日新聞の論調に「世界のなかの日本」というテーマに主眼を置いた記事が増えてもなんら不思議ではありません。

なぜなら、下村氏は入社直後から東京朝日の経営をまかされ、営業面、社内制度面の改革に着手しながら、のちの朝日新聞にも大きな影響を及ぼす「報道システム」をつくりだしているからです。前出・坂本氏がそのあたりを端的にまとめているので引用します。

「まず紙面の充実においては、大正十年に日本で最初の『記事審査部』を創設し、報道の正確さを期すために、新聞発行後の正誤を確かめるようにした。ここで記事の内容はもちろん、広告の内容まで吟味（ぎんみ）を行った」（P114）

全国的知名度を誇る知識人・下村氏がラジオや講演で「世界のなかの日本」を説いてまわり、「先進的な論説が掲載される新聞」というブランディングを着々と進めているなかで、このような正確性にこだわって紙面づくりの体制を整えた朝日新聞に、「世界のなかの日本」をテーマとした記事が増えていくのは、ごくごく自然の流れではないでしょうか。

つまり、1921年の下村氏の入社を境にして、朝日新聞の「国際比較に基づく世界一報道」が増えた可能性があるのです。

「いや、たしかに下村氏が入社したことで朝日新聞に国際社会における日本の立ち位置を考えるような記事は増えたかもしれないが、日本が『世界一』だとふれまわるような論調が増えたとは限らないのではないか」

そのような感想を抱く人もいるかもしれませんが、「世界一」という論調にも下村氏の入社が影響を与えている可能性が高い、と私は見ています。

なぜなら、**下村氏は「国際社会のなかでどうすれば日本が世界一の民族になれるか」ということを追い求めていた**人物だからです。

対米関係から時局問題まで幅広い演題で講演をしていた下村氏ですが、そこで必ず訴えていたのが、日本民族の「質」の向上です。

日本を西洋列強にも負けない「よい国」にしたい――『下村宏博士大講演集』の自序には熱い思いがつづられています。

「日本はよい国だ、だからだからといふ。

一体そんなに日本はよい国なのか？　よいもわるいもそれぞれに見方もあらうが、もし日本がよい国でなかつたらどうしようといふのだ！

僕は日本人だ、理窟（りくつ）ぬきで日本人だ、別に日本がよいとかよくないとかそんな事を打算して生れても来なければ現在生きてもをらぬ。よければよいでよりよくするばかりだ、よくなければ層一層馬力をかけてよくせねばならぬ、そこにわれわれ日本人の真骨頂（しんこっちょう）があらねばならぬ。

僕にはただ我が邦のよいところばかり見て納まりかへつて居るやうな暇がない、だから痛いところをよく書きもし、よくしやべつてもゐる」

「優れていないもの」を忌み嫌った下村の哲学

では、日本をよりよくするため、下村氏はどのようなことを訴えていたのでしょうか。講演録をみると、日本を一流の国にするために、外交や政治、法律、文化、風習、礼儀作法など多種多様な厳しい提言をおこなっていることがわかります。

そう聞くと、このような下村氏の「一流国の仲間入りをするための強烈な向上心」が、朝日新聞の「世界一報道」の傾向に影響を与えたのだろうと思うことでしょう。

たしかに、それもあるかもしれません。ただ、なぜこの時期の朝日新聞で、統計や科学研究に基づいた国際比較により「日本が世界一」だとうたう記事が急に増えたのか。私は、その理由は下村氏が唱えた「向上心」だけではないと考えています。

この時代の朝日新聞の「世界一記事」を読むと、まるでだれかに急き立てられるかのように、日本が他国よりも優れている点を探し回っているような印象を受けます。些細なことを大袈裟に騒ぎたて、なりふり構わず「世界一」を叫ぶその姿からは、「他国よりも優れていない」という現実を認めたくなくてしようがないといった「恐怖心」さえ感じます。

なぜ当時の朝日新聞は「他国よりも優れていない」ということを恐れたのか。いろいろな意見があるかもしれませんが、それこそが下村氏の入社の最大の影響だと思っています。

なぜかというと当時の下村氏は「優れていない」ということをなによりも忌み嫌い、蔑み、**日本民族の「質」を向上していくためには、これらの「優れていない」ものを日本社会から徹底的に「根絶」すべきだと説いていた**からです。

「精神病者や天刑病者は根絶しなければならない」と主張

もうおわかりでしょう、「優生学」です。

1927(昭和2)年11月下旬、法政大学においておこなわれた「我国の人口問題」という講演で、産めよ増やせよという人口増加論者を批判しつつ、日本民族の「質」の向上をはばんでいる問題を指摘しています。そのなかでわかりやすい部分をいくつか抜粋しましょう。

「次に精神病であるとか或は癩病であるとか、さういふ人達の人口問題でありますからした人達は少くとも自分の子を生まぬだけの各自のコントロールがなければならぬ、丈夫な子なら幾ら生んでも宜いけれども、まさかに俺は天刑病で世間を狭くした、忌々しいからそんな目に合ふやうに子供を生まうといふものもありますまいが、自制心が足らず性の知識が不充分なため、自分も苦しみぬきまた一家一族友人世間に迷惑をかけて置きながら、また弱体者をあとへ残してゆくのであります」（『下村宏博士大講演集』、Ｐ３２０）

「日本では悪疫のときは牛馬などには消毒とか撲殺とか騒ぎます、植物でも焼き捨てるとか害虫駆除とかなかなか矢釜しい、ところが肝心の人間だけは、どんな病毒を持つて居つても、それを駆除することには余り考へて居らない、よく吾々は産児制限などといふことを口にするは怪しからぬといふことを耳にしますが、一体精神病者とか天刑病者とかいふ階級はその産児を制限しなければならぬ、いや制限どころではない、根絶しなければならぬ、外国では刑務所でも精神病院でも、さういふ場所に収容してゐる人達には性欲の満足は妨げないが生殖力はとどめることにしてある」（同前、Ｐ３２０〜３２１）

「この頃よく五人殺しとか何人殺しとかいふ忌はしき事件が頻発しますが、いくら人口増加論者でもああしたものまで殖やしてと主張しないであらう、そのために更に五人死んでゐる、そこへ本人が死刑になると合計六人死ぬことになる、六人死ぬより初めからその犯罪性ある者を一人除いた方が宜しいことは論がない」（同前、P322～323）

とんでもない「差別思想」の持ち主が朝日新聞にいたものだ、と驚くかもしれません。ただ、下村氏を擁護するわけではありませんが、このような考え方は、当時としては特にめずらしいものではありません。**ナチス・ドイツの「優生学」を引き合いに出して、「日本のため」に同様の主張をしていたインテリは、ほかにもいました。**

いまのように差別を憎み、人権をうたうようになったのは戦後になってからの姿であって、戦前の朝日新聞は、その時代のインテリたちに流れた「空気」を違和感なく「忖度」していたのです。

「日本の国策の基本は人種改良だらう」

「優生学」にとりつかれていた下村氏は、1930（昭和5）年に朝日新聞の副社長になると、さらに大きな「発言力」をもつようになります。

下村氏にそのポジションを与えるきっかけとなった講演「日本民族の将来」と同じタイト

ルを冠した書籍が1932年に出版。また、大阪朝日新聞でも1933年1月6日から22日まで同じタイトルで連載がおこなわれます。

当時の朝日新聞は、完全に下村氏の「ホームグラウンド」になっていたのです。

もちろん、それには下村氏が日本のためになると信じて疑わなかった「優生学」もふくまれます。

それを象徴するのが、副社長になった1930年に東京朝日新聞社から世に出た**『全日本より選ばれたる健康児三百名』**（朝日新聞社編）という書籍です（写真2）。

読んで字のごとく、スポーツテスト等で「健康児」を選んで、彼らが「丁年（＝成人）」になるまで経過観察をするというもので、文部省と協力をしておこなった初の試みです。**優れた個のみをピックアップするという調査が、「優生学」に基づいている**ことはいうまでもありません。

下村氏はこの表彰式で朝日新聞を代表して、この表彰を毎年つづけていくと宣言して、以下のように述べています。

「本日この盛大なる式場に於て表彰された健康児は、本人も家庭もお芽出度い喜ばしい事であります。しかし一面に重い責任を負はされて全国の幼年者の中から選り出されたので

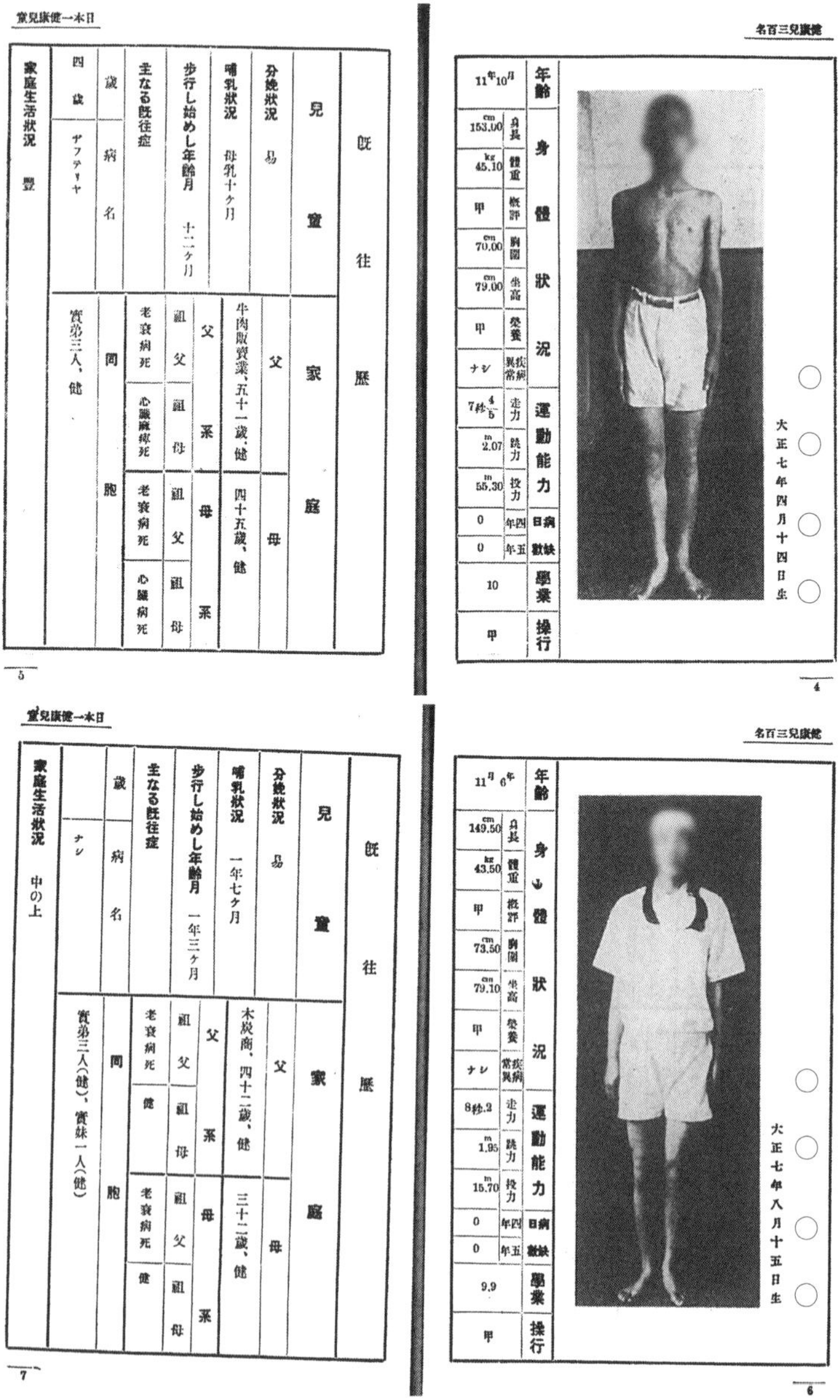

健康兒三百名

年齢		11年10月
身體狀況	身長	153.00 cm
	體重	45.10 kg
	概評	甲
	胸圍	70.00 cm
	坐高	79.00 cm
	榮養	甲
	疾病異常	ナシ
運動能力	走力	7秒$\frac{4}{5}$
	跳力	2.07 m
	投力	55.30 m
病缺日數	四年	0
	五年	0
學業		10
操行		甲

大正七年四月十四日生

4

日本一健康兒童

既往歷

兒童		
分娩狀況		易
哺乳狀況		母乳十ヶ月
步行し始めし年齢月		十二ヶ月
主なる既往症	歳	四歳
	病名	ヂフテリヤ

家庭		
父		牛肉販賣業、五十一歳、健
母		四十五歳、健
父系	祖父	老衰病死
	祖母	心臟痲痺死
母系	祖父	老衰病死
	祖母	心臟病死
同胞		實弟三人、健

家庭生活狀況　豐

5

健康兒三百名

年齢		11月 6年
身體狀況	身長	149.50 cm
	體重	43.50 kg
	概評	甲
	胸圍	73.50 cm
	坐高	79.10 cm
	榮養	甲
	疾病異常	ナシ
運動能力	走力	8秒2
	跳力	1.95 m
	投力	15.70 m
病缺日數	四年	0
	五年	0
學業		9.9
操行		甲

大正七年八月十五日生

6

日本一健康兒童

既往歷

兒童		
分娩狀況		易
哺乳狀況		一年七ヶ月
步行し始めし年齢月		一年三ヶ月
主なる既往症	歳	
	病名	ナシ

家庭		
父		木炭商、四十二歳、健
母		三十二歳、健
父系	祖父	老衰病死
	祖母	健
母系	祖父	老衰病死
	祖母	健
同胞		實弟三人(健)、實妹一人(健)

家庭生活狀況　中の上

7

写真２　「日本一健康児」に選ばれた男子と女子（『全日本より選ばれたる健康児三百名』より。顔と名前は改変）

あります」（『全日本より選ばれたる健康児三百名』、Ｐ３１３）

下村氏は「健康児」にどのような責任を負わせようと思っていたのでしょうか。もはや本人にしかわからないことですが、その３年後の１９３３（昭和８）年に児童擁護協会が出した『児童を護る』という書籍に寄稿した文章のなかで、興味深い「提言」をしています。

「私は今日日本の国策の基本はどこに置くかといへば、日本の人種改良だらうと思ひます。この点から見ますると、どうも日本の人種改良といふ運動はまだ極めて微々たるものである。それでは一体その他の改良といふことは日本ではやらんのかといへば、人種改良の方は存外無関心であるが、馬匹改良はやつて居る。豚もだんだん良い豚にする。牛も良い牛にする。牛乳の余計出る乳牛を仕入れる」（『児童を護る』、Ｐ８）

朝日のトレンドになった「日本民族の優位性」

このように**「人種改良」を日本の「国策」にすべきであるという信念をもつ下村氏が副社**

長になったことで、朝日新聞の「世界一報道」はさらに優生学色が強くなっていくというのは自明の理でしょう。

事実、１９３０年代に入ると、「日本人の民族的な優位性」をテーマにした記事を多く確認することができます。その代表的なケースが以下の記事です。

「洋々たり日本人　優れた内向性　器用さは世界一　渡満する田中博士の研究」（１９３４年４月21日）

この「田中博士」とは、心理学者として初めて文化功労者となり、紫綬褒章を受章した田中寛一氏のことです。戦後、「田中・びねー式知能検査法」などを編み出して、日本心理測定のパイオニア的な存在として知られています。

心理学者として功績を残して、晩年は玉川大学の初代学長をつとめた**田中氏は、じつは若かりしころ、「日本民族の優位性」をテーマに研究**をおこなっており、それを１９２６（大正15）年、43歳のときに本に著しています。

これは大きな反響を呼び、当時の「第2期愛国本ブーム」もあって、１９２７年には8刷まで売れ、１９３２年には増訂版もつくられるというロングセラーになりました。

これが、「日本民族の優位性」というトレンドがきた朝日新聞に取り上げられたのです。気鋭の学者と朝日新聞を結びつけたこのロングセラーの名を目にすれば、読者のみなさんはなんともいえない奇妙な感覚に襲われることでしょう。日本民族の優位性をふれまわりはじめた朝日新聞と、その背中を押したであろう下村氏、そして田中博士のあいだに、「因縁」のようなものを感じるからです。

その本の名は『日本民族の将来』（培風館）。６年前に大阪朝日新聞の講堂で、下村氏が４時間にわたって熱弁をふるったあの「伝説の講演」とまったく同じタイトルなのです。

「日本人は世界一優秀」と説く気鋭の学者の本

これを「偶然」だととらえるのは簡単です。

しかし、田中博士が『日本民族の将来』を初めて著したとき、すでに下村氏は朝日新聞の専務取締役として、全国各地で講演をしていました。そのなかには当然、下村氏の「鉄板ネタ」である「日本民族の将来」もありました。その名声を耳にした新進気鋭の学者が、タイトルに採用した、ということは十分に考えられるのです。

中身についても、２つの「日本民族の将来」には重なる部分があります。

田中博士は日本民族と他民族を、智能や文化などさまざまな点で比較して、日本民族の進むべき道を唱えています。もちろん、下村氏の主張するところと重なる部分もありますが、違う部分もあります。

そのなかで代表的なのが、平成日本の「日本礼賛番組」にも通じるほどの**「日本人は世界一優秀」という結論にいたっている**ことです。

「日本民族の精神的特徴は極めて優秀であり人がいふ様に日本民族は創始力に於て欠けて居るものでなく、又決して早熟でもなく、その身体的特徴は優に将来の文明を荷ひ之を発展せしめるに充分であることを見た。（中略）その進歩の速かなことは世界諸国が驚異の眼を以て見る所である」（『日本民族の将来』、P236）

そして、**日本が唯一無二の存在であるということの根拠として、「国体」に言及しているの**も、この本の特徴です。

「仁慈なる皇室を民族の宗家とする日本民族はその必然の結果として、古今東西に無類なる忠君愛国を中心思想として、光輝ある歴史を保全して来たのである。これは決して偶然ではない。吾等はかかる国体を有する民族の一員として生を此の国に享けたことを無上の幸福として感謝しなければならぬ」（同前、Ｐ２０１）

まるで北朝鮮の国営放送のアナウンサーが言っているような内容ですが、このような主張をしない学者は逆に「反天皇」というレッテルを貼られて、厳しい批判にさらされたという世相もありました。

田中博士がどこまで本気でこのような思想を持っていたのかはわかりませんが、日本を「特別な国」だと思っていたことだけは間違いないようです。

新たな「朝日文化人」となった田中博士

一方、下村氏と重なるところとしては、日本人を「優越民族」にするために、さまざまな努力や改善点を本のなかで唱えているという点です。

「日本には外国にない様な尊い文化があるけれども、それだけでは優越民族にはなれない。その上に更に科学的知識を利用して、生活の改善と能率の増進とを企てなければ到底今日

の世界の舞台に立つて競争することは出来ない」（同前、Ｐ２６３）

似たようなメッセージを、同じタイトルで、まるで手を取り合うように絶妙のタイミングで世に広めたこの２人にまったく「接点」がないのかというと、そうともいいがたい部分があります。

たとえば、先ほど紹介したように１９３０年、下村氏が「発言力」を増した朝日新聞は、文部省全面協力のもとで、「健康児」の調査にのりだします。

そのような協力関係を継続した３年後、文部省学生部から『思想問題に関する良書選奨』という書籍が出されます。教育現場で用いるのに適した書籍を紹介するというものですが、このなかになんと、田中博士の『日本民族の将来』が紹介書籍として含まれているのです。

しかも、この本のなかには当時、田中博士が力を入れていた「日本児童と支那児童と智能」など、子供の知能検査についての研究成果がのせられています。

「人種改良」の強い必要性を感じて、「健康児」を求めた下村氏の考え方と、ここまで妙に重なっています。

これも「偶然」だと言ってしまえばそれまでですが、図６からもわかるように、下村氏と田中博士の「優生学」と朝日新聞の論調は、奇妙にリンクしているように見えるのです。

図6　戦前における朝日新聞の「日本礼賛記事」の推移と、「日本民族の優位性」の台頭

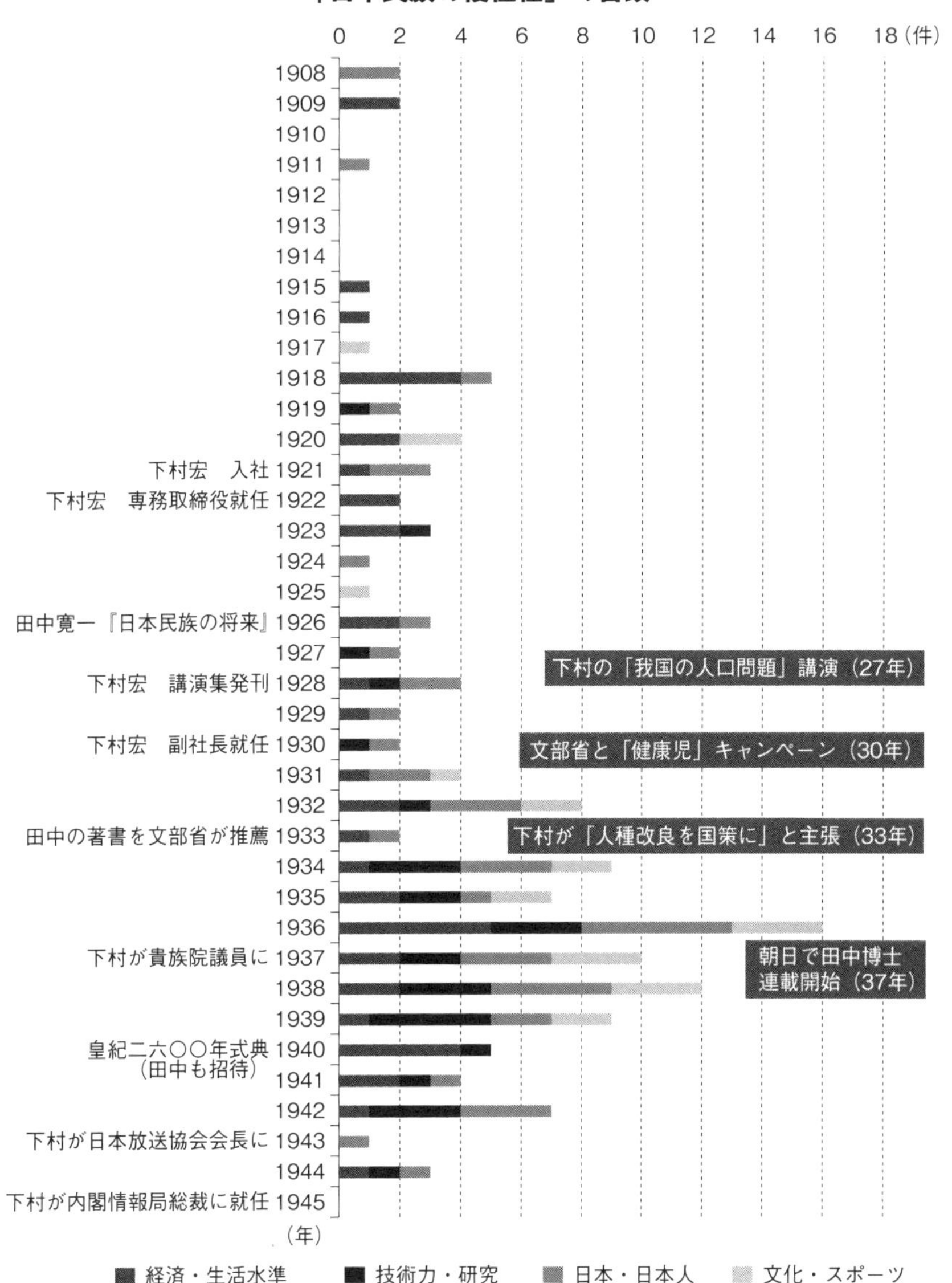

※朝日新聞記事データベースで「世界一」が見出しになっている東京本社の記事を検索し、日本や日本人、日本企業に関するものを抽出して著者が作成

1937（昭和12）年、下村氏は広田弘毅総理より貴族院議員に勅選という形で推薦されました。かねてより打診されていたこともあり、前年には朝日新聞社を退社しています。では、朝日新聞の紙面から「日本民族の優位性」についてさまざまな見解を述べる「論客」がいなくなってしまったのかというと、そうではありません。

なんと下村氏からタスキを受け取るように、田中博士が東京朝日新聞の1937年4月6日から1939年2月18日まで、およそ2年にわたって紙上相談をおこなっているのです。

「愛国マスコミのドン」が「玉音放送」もプロデュース

2人は日本が戦争へ突入した時期になると、歩調を合わせるかのように「愛国報道」を牽引するオピニオンリーダーとなっていきます。

貴族院議員として言論活動を展開するかたわらで、下村氏は「大日本体育協会」の会長として、日本民族の「質」の向上につとめるとともに、「財団法人　日本文化中央聯盟」という団体の理事に就任。日本民族がいかに優れているのかということを自覚させるべく啓蒙活動にも力を入れます。

そして、１９４３（昭和18）年には、当時**社会に大きな影響力をおよぼす「ラジオ」を管轄していた日本放送協会（のちのＮＨＫ）の会長にもなる**のです。

戦局が悪化していたこの時期、大政翼賛会（近衛文麿らによってつくられた国民統制組織）の宣伝部がだした『国民の心構へ』という本のなかで「この戦争に勝ちぬかなければならぬ」と国民に檄を飛ばしていた**下村氏は、「愛国マスコミのドン」ともいうべき存在にまでのぼりつめた**のです。

一方、田中博士も東京朝日新聞で一躍、知名度があがっていました。

それを象徴するのが、１９４０（昭和15）年の「皇紀二六〇〇年記念式典」です。神武天皇即位から２６００年と称してさまざまな行事がおこなわれたもので、式典に招かれるのは政治家や文化人など一部の人間だけでしたが、なんと田中博士にも声がかかったのです。

翌１９４１年に出版された『日本の人的資源』（蛍雪書院）の「まへがき」では「ちやうど昨年、われ等は輝やかしい皇紀二六〇〇年に際会し、私は幸にも、その国家的式典に参列する光栄をになひ」と得意気に記しています。

さらに、１９４２年に出版された『日本民族の力』（蛍雪書院）の「まへがき」には以下のような「活躍ぶり」を書いています。

「本年二月のはじめ、四回にわたつて「日本の民族」といふ題で、ラジオを通して話をしたところ、内地、外地の各方面から好意的な質問や、はげましのことばを送られ、また、ぜひ、その内容を公にするやうにとすすめられる手紙が多く集り、さらに二三の出版業者からは、その出版を求められたのであります」(P1)

その後も**田中博士の「日本人は世界一優秀だ」という主張は、たびたび日本の国威発揚に利用されました。**そのような「愛国プロパガンダ」を管轄していたのが、当時、国民の啓蒙や思想取り締まりを目的として設置された「情報局(内閣情報局)」だというのはご存じのとおりです。そして、終戦直前にこの総裁になったのが、ほかでもない下村氏なのです。

ちなみに、下村氏はポツダム宣言の受諾や、その後の天皇陛下の「玉音放送」の実現に、内閣情報局総裁として尽力したといわれています。

終戦後、下村氏はA級戦犯容疑をかけられ、公職追放されました。解除後はラジオなどに出演し、1953(昭和28)年には参院選に出馬するも落選。松下幸之助ら企業経営者がはじめた新政治経済運動にかかわるも、戦中・戦前のような政治やマスコミの表舞台に返り咲くことはなく、1957(昭和32)年に82年の生涯を終えました。

朝日の「世界一報道」のベースにあるもの

ここまで1920年代から30年代にかけて、朝日新聞の「世界一報道」に大きな影響を与えたであろう下村宏という人物が、副社長として朝日新聞社内での発言力を徐々に手にしていく過程と、どのような思想をもっていたのかということを振りかえってみました。

それは一見すると、日本人を西洋列強に負けない優秀な民族にしたい、という「愛国心」のような印象を受けますが、よくよく中身を精査してみると、じつは**その根底に流れているのは当時欧州で支持を集めていた「優生学」**でした。

日本を負けない国にするには、「人種改良」こそ国策にすべきという主張でした。

すべては、このような「優生学」の思想を世に広めるためだとすれば、当時の朝日新聞でみられた現象もすべて説明がつきます。

統計や科学に基づいて、「世界一」をうたう記事が増えれば、読者に対して、「日本民族はほかの国の人々と違う」「ほかよりも優れていることはすばらしい」と啓蒙することができます。

文部省とともに「健康児」を表彰して追跡調査をすることで、「優れた日本人であるために努力・鍛錬すること」こそが日本人の鑑であるという教育ができるだけではなく、ナチス・ドイツがおこなっていたような「優生学」を実践に移すことができます。

智能検査などをもとにして「日本民族の優秀さ」を研究していた田中博士を「相談員」として紙面デビューさせたのも、このような知識人を世に出して、「優生学」がより一層広まっていくことを期待してのことと考えられないでしょうか。

もちろん、当時の関係者の多くが鬼籍に入ってしまっているいま、これは単なる「仮説」にすぎません。事件捜査でいえば「状況証拠」だけで「犯人」を推理しているようなものでしょう。

ただ、それでもなお、私はこの「仮説」を支持する理由があると考えます。それは本書でくり返し紹介してきた「日本礼賛番組」です。

戦前の思想・システムにいまも操られている日本人

これまで論じてきた「日本礼賛番組」における事実の歪め方には、あるひとつの共通点があります。

それは、**「われわれ日本人はほかの国の人間とは違う特別な存在だ」という慢心**です。

自分たちを特別な存在だと考えているので、自分たちに都合のいい恣意的な比較や分析をしてしまいます。自分たちを特別な存在だと考えているのは、だれかひとりでも優秀な個人があらわれると、それが民族全体に適用されると勘違いしてしまう現象がよくみられることからも明らかです。

なぜ、私たちはこのような慢心を抱くようになってしまったのでしょうか。「何者かにそう持ち上げられた」としか考えられませんが、問題は「いつか？」ということです。

ご存じのように、戦後のマスコミは一貫して「人権」や「平等」を強く訴えてきました。個人レベルでは、「われわれ日本人はほかの国の人間とは違う特別な存在だ」と主張する人はいますが、世論形成に影響のあるマスコミでは、現在このような主張はふれまわられていません。

そうなると、**「われわれ日本人はほかの国の人間とは違う特別な存在だ」という慢心がつくられた時期は、戦前しかありません。**

つまり、本章でこれまで述べてきたような、**下村宏氏率いる朝日新聞や田中寛一博士らの主張が、80年近く経過したいまも、われわれの思考に大きな影響を与えている**可能性があるのです。

そんなことがあるわけがない、と笑う方もいるかもしれません。ただ、われわれが戦後民主主義によって日本人たちが自分の力で獲得したと思っているもののほとんどが、じつは戦前につくられたものなのです。

たとえば、わかりやすいのは「終身雇用」です。マスコミは、このシステムは高度経済成長期、「社員は家族」という思想に基づいて、首切りの心配なく働けるように生まれたなどと説明をしていますが、そうではなく、戦前のソ連の「計画経済」を真似たものです。

「日本人は特別な存在」と勘違いさせた「犯人」

ほかにも、戦前を引き継ぐものは枚挙にいとまがありません。そのあたりをシティグループ証券の藤田勉副会長が、非常に端的に説明しています。

「戦時体制の影響は、今もなお、広範囲に残っている。所得税の源泉徴収、地方交付税、国民皆保険、厚生年金、9電力体制、経団連、新幹線も、戦時中にその原型ができた。同様に、年功序列、終身雇用制、系列・下請、メインバンク、天下り、行政指導のルーツは、すべて戦時体制である。戦後できた日本的経営の要因は、株主持合いのみである。それほど、戦時体制を出発点とする日本的経営は根が深いのである」（『月刊資本市場』、2015

年5月号）

戦前のシステムを踏襲して、戦後の日本をつくったのは、吉田茂、岸信介、佐藤栄作など、ほぼ例外なく戦前のリーダーです。役人も政治家も一時期、公職追放などはされますが、ほどなく一線に復帰して、戦後復興にたずさわっていきます。

システムも戦前と変わらない。それを運用する人材も戦前と変わらない。ならば、そこで生まれる「思想」も戦前とまったく変わらないというのは、当然の帰結ではないでしょうか。

つまり、**平成日本にあふれる「日本礼賛番組」の根っこの部分に「われわれ日本人はほかの国の人間とは違う特別な存在だ」という慢心があるのは、われわれが戦前の思想をいまだに色濃くひきずっているからだ**と考えられるのです。

では、戦前の日本人に、「われわれ日本人はほかの国の人間とは違う特別な存在だ」と吹き込んだのはだれでしょうか。

マスコミはすぐに日本軍が悪いとか、国民啓蒙を担当していた内閣情報局が諸悪の根源だと責任逃れをしますが、本章で見てきたように、**自らすすんで「優生学」をふりまいてきた朝日新聞を筆頭とする「愛国マスコミ」にその責任の一端があることは明らか**ではないでしょうか。

戦争を終わらせるための方便だ、軍に仕方なく従っていただけだ、というマスコミ人の事情など、「洗脳」される大衆には何の意味もないのです。

「愛国」をふれまわるマスコミがもたらす未来

本書で明らかにしてきたように、合わせ鏡のような存在である「愛国報道」と「反日報道」は、互いに刺激し合うように、その勢いを増し、論調が激しくなっていく傾向があります。

特に「中立公正」とバランスをとる傾向が強い朝日新聞においては、とにかく〝日本の批判ありき〟で事実を歪める「反日報道」がなされると、その揺り返しとして、〝日本の礼賛ありき〟で事実を歪める「愛国報道」に敏感に反応する形跡が確認できます。

つまり、**いまの日本で極端な「愛国報道」がなされているのは、戦後70年間に極端な「反日報道」と「愛国報道」が交互にくり返された結果であり、それはさらにさかのぼっていけば、戦前に極端な「愛国報道」がなされたことの反動、**といえるのです。

そう考えると、現代の日本にあふれる「日本礼賛番組」において、下村氏や田中博士が唱えた「日本民族の優秀さ」とほぼ変わらない論調を見つけられるのも当然かもしれません。

日本の自然の美しさは世界で類をみない。

日本人ほど手先が器用な民族はいない。

日本人の忠君愛国の精神は、ほかの国にはない天皇制がつくった。

日本人には世界一の「優越民族」になれる力がある――。


このような主張をする人がネットには多く存在していますし、同様の主張を展開する「日本会議」に代表されるような保守系団体や、保守系知識人もいます。

ここでそのような主張の是非（ぜひ）について論じるつもりはありませんが、そのような人々が述べていることのほぼすべては、戦前の朝日新聞に代表される「愛国マスコミ」で語り尽くされているものだということ、つまり**「リバイバル」にすぎない**ことだけは明言できます。

そう考えると、巷（ちまた）にあふれる「愛国本」や「日本礼賛番組」を「日本人がようやく誇りを取り戻せてよかった」などと楽観的にみることはできません。

日本のすばらしさを訴える、日本人の美徳を世に広める、そのような美辞麗句（びじれいく）の陰に、どうしても戦前の朝日新聞がふれまわっていた「優生学」をベースにした、「日本人＝優越民族」という「驕（おご）り」を感じざるをえないからです。

戦前のマスコミが、権力の暴走を監視するどころか、権力と手を取り合って、大衆を「一億総玉砕」へ「誘導」したという結果に対して、異論をはさむ人はいないでしょう。ならば、「愛国」をふれまわる平成のマスコミは、われわれをいったいどこへ導いていこうとしているのでしょうか。

ただ、ひとつ断言できるのは、歴史に学べば、そこにあるのは間違いなく「ろくでもない未来」だということです。

◎本書には今日の人権擁護の見地に照らして、不当、不適切と思われる表現を引用してありますが、本書の性質や引用文章の時代背景に鑑み、表現の削除、変更はおこないませんでした。〈編集部〉

著者略歴

一九七四年、東京都に生まれる。ノンフィクションライター。学習院大学文学部史学科卒業。在学中より報道番組のスタッフとして制作に携わる。「世界ふしぎ発見!」（TBS系）やドキュメンタリー番組のアシスタントディレクターとして活動後、「フライデー」記者、朝日新聞記者、「実話ナックルズ」などの副編集長を経て、現在は週刊誌や月刊誌などに取材記事を寄稿するかたわら、豊富なメディア経験をいかして企業や公共機関の報道対策アドバイザーもつとめる。ITmediaビジネスオンラインにて「スピン経済の歩き方」、ダイヤモンド・オンラインにて「情報戦の裏側」を連載中。

著書には『スピンドクター――“モミ消しのプロ”が駆使する「情報操作」の技術』（講談社+α新書）、『14階段――検証 新潟少女9年2ヵ月監禁事件』（小学館、第12回小学館ノンフィクション大賞優秀賞受賞）などがある。

「愛国」という名の亡国論
――「日本人すごい」が日本をダメにする

二〇一七年一一月九日　第一刷発行

著者　窪田順生
発行者　古屋信吾
発行所　株式会社さくら舎　http://www.sakurasha.com
東京都千代田区富士見一-二-一一　〒一〇二-〇〇七一
電話　営業　〇三-五二一一-六五三三　FAX　〇三-五二一一-六四八一
編集　〇三-五二一一-六四八〇　振替　〇〇一九〇-八-四〇二〇六〇

装丁　石間　淳
印刷・製本　中央精版印刷株式会社

ISBN978-4-86581-123-0